Eduard Sievers

Abriss der angelsächsischen Grammatik

Eduard Sievers

Abriss der angelsächsischen Grammatik

ISBN/EAN: 9783744613019

Hergestellt in Europa, USA, Kanada, Australien, Japan

Cover: Foto ©Thomas Meinert / pixelio.de

Weitere Bücher finden Sie auf **www.hansebooks.com**

ABRISS

DER

ANGELSÄCHSISCHEN GRAMMATIK

VON

EDUARD SIEVERS.

ZWEITE AUFLAGE.

HALLE a. S.

MAX NIEMEYER.

1899.

Vorwort.

... Der vorliegende abriss ist im engsten anschluss an W. Braune's Abriss der althochdeutschen grammatik gearbeitet. Seine bestimmung ist einerseits, als grundlage für vorlesungen über ags. grammatik zu dienen: hierzu erschien es zweckmässig, den ags.·paradigmen die entsprechenden altsächsischen zur seite zu stellen. Andererseits will er das notwendigste material bieten, das auch dem anfänger für die lectüre westsächsischer texte, einschliesslich der poetischen denkmäler, unentbehrlich ist... Auf streng wissenschaftliche formulierung der einzelnen regeln musste bei dem knapp zugemessenen raume selbstverständlich öfter verzichtet werden.

Leipzig-Gohlis, 22. märz 1895. [24. september 1898].

E. Sievers.

I. Einleitung.

§ 1. Das angelsächsische (ags.) oder altenglische (ae.),
d. h. die sprache der germanischen bewohner Englands bis
gegen mitte oder ende des 11. jahrhunderts, lässt bereits in
seinen ältesten quellen dialektische unterschiede erkennen. Die
hauptdialekte sind der n o r t h u m b r i s c h e im norden, der
b i n n e n l ä n d i s c h e oder m e r c i s c h e im innern, der s ä c h -
s i s c h e im süden und der k e n t i s c h e im äussersten südosten.
Sprachgeschichtlich bilden northumbrisch und mercisch
zusammen die gruppe der a n g l i s c h e n mundarten; ihnen
gegenüber kann man sächsisch und kentisch als s ü d e n g l i s c h
zusammenfassen.

Unter allen mundarten weist das s ä c h s i s c h e die reichste
überlieferung auf. Am typischesten ist es im westlichen teil
seines gebietes, in Wessex, ausgebildet. Man pflegt daher das
w e s t s ä c h s i s c h e (wests., ws.) als den hauptrepräsentanten
des sächsischen hinzustellen. Die sprache der ältesten ws.
texte (etwa aus der zeit könig Ælfreds; insbesondere die der
übersetzung der Cura pastoralis und des Orosius sowie der
Sachsenchronik) bezeichnet man als 'altwestsächsisch' im
gegensatz zum 'spätwestsächsischen', d. h. zu der sprache
der denkmäler späterer zeit. Die hauptmasse der ws. texte
fällt dieser jüngeren mundart zu. In sie sind auch viele texte
die in andern dialektgebieten entstanden waren, umgeschrieben
worden, doch so dass oft einzelne abweichende dialektformen
stehen blieben. Dies gilt in besonderem masse von der sprache
in der die (grösstenteils auf anglischem boden entstandenen)
ags. dichtungen überliefert sind: sie stellt nicht einen reinen

dialekt dar, sondern ist im wesentlichen westsächsisch, aber mit mehr oder minder starker beimischung fremder elemente.

Der folgenden darstellung sind die orthographie und die sprachformen des älteren spätwestsächsischen zu grunde gelegt. Davon abweichendes ist, sofern überhaupt vermerkt, besonders hervorgehoben und mindestens durch den zusatz 'dialektisch' als nicht dem reinen westsächsischen angehörig gekennzeichnet worden.

II. Lautlehre.

I. Abschnitt. Vocale.

A. Die vocale der stammsilben.

§ 2. Die normalen stammsilbenvocale des westsächsischen sind:

a) kurze vocale:

a: = germ. *a* § 9, 1 und § 9 a. 1. 6.

œ: 1) = germ. *a* § 9, 1 und anm. 5; — 2) bisweilen = umlauts-*e* § 9 a. 5.

e: 1) = germ. *ĕ* § 10, 1; — 2) = *i*-umlaut von germ. *a* (von ags. *œ* und *o, a* vor nasal § 9, 1; — 3) = *i*-umlaut von *o* (älter und dialektisch *œ*) § 11; — 4) = vereinfachung von ags. *ea* vor gutturalen und nach palatalen § 9 a. 10; — 5) bisweilen = *i*-umlaut von *ea* § 9 a. 9.

i: 1) = germ. *i* (bez. *ĕ*) § 10, 1; — 2) wechselnd mit dem spätws. unfesten *y* (aus altws. *ie*) § 9, 2; § 10, 2 a und d; — 3) später in einigen fällen für festes *y*, § 11 a. 4.

o: 1) = germ. *u* § 11; — 2) *o* vereinzelt = *eo* nach *w* § 10 a. 4. — 3) mit *a* wechselnd = germ. *a* vor nasalen § 9, 1; vgl. § 9 a. 2.

u: 1) = germ. *u* § 11 und anm. 1; — 2) ags. (*io*), *eo* nach *w* § 10 a. 3.

y: 1) festes *y* = *i*-umlaut von *u* § 11; — 2) unfestes *y* mit *i* wechselnd (aus altws. *ie*) = *i*-umlaut von *ea, eo* § 9, 2; § 10, 2 a und d.

b) lange vocale:

á: 1) = germ. *ai* § 17; — 2) seltner = germ. *ǽ* § 12 b und anm. 1.

ǽ: 1) = germ. *ǽ* § 12 a; — 2) *i*-umlaut von germ. *ai*, ags. *á* § 17.

é: 1) = germ. *é* § 13; — 2) = *i*-umlaut von ags. *ó* (älter und dialektisch *œ́*) § 15; § 8 a. 3; § 12 c und d.

í: 1) = germ. *i* § 14; — 2) = germ. *in* vor spiranten § 10 a. 2; — 3) wechselnd mit spätw. unfestem *ý* (im altws. *íe*) § 18; § 19.

ó: 1) = germ. *ó* § 15; — 2) = germ. *œ́* vor nasalen § 11 c; — 3) = germ. nasaliertem *â* § 12 d; — 4) = germ. *an* vor spiranten § 9 a. 3.

ú: 1) = germ. *û* § 16; — 2) = germ. *un* vor spiranten § 11 a. 2.

ý: 1) festes *ý* = *i*-umlaut von *ú* § 16; — 2) unfestes *ý*, mit *í* wechselnd (aus altws. *íe*) = *i*-umlaut von ags. *éa* und *éo* § 18; § 19.

c) kurze diphthonge:

ea: = germ. *a* in bestimmten stellungen: § 9, 2.

eo (*io*): 1) = germ. *ë*, *i* in bestimmten stellungen: § 10, 2; — 2) = germ. *u* nach *j* § 11 a. 3.

d) lange diphthonge:

éa: 1) = germ. *au* § 18; — 2) durch contraction aus germ. *a* § 9, 2 d und germ. *ǽ* § 12 a. 3; — 3) = germ. *œ́* nach palalen § 12 a. 2.

éo (*ío*): 1) = germ. *eu* § 19; — 2) durch contraction aus germ. *ë*, *i* § 10, 2 c, und germ. *í* § 14 a. 1; — 3) = germ. *œ́* in *ʒéomor* § 12 a. 2.

Anm. 1. Für *œ* schreiben alte hss. auch *ae* oder *ę*.

Anm. 2. Die länge der vocale und diphthonge wird in den hss. meist gar nicht bezeichnet, jedoch ist die längenbezeichnung durch acut ziemlich verbreitet. Nur in den ältesten hss. findet sich bisweilen doppelschreibung der langen vocale (z. b. *huus*).

Anm. 3. In diesem buche sind durch acut als lang bezeichnet alle vocale deren länge durch die etymologie gestützt wird (germ. lange vocale und ersatzdehnungen bez. contractionen). Ebenso sind als lang bezeichnet die dehnungen auslautender kurzer vocale (z. b. *nú* nun, *hwá* wer, *hé* er). — Doch ist durch einzelne accente der hss. und die spätere lautentwicklung die annahme gerechtfertigt, dass auch sonst im ags. dehnungen ursprünglich kurzer vocale eingetreten sind, so z. b. vor nasal oder liquida + cons., *hónd* (statt *hond*, *hand*), *wórd* (statt *word*), *áld* (statt *cald*, § 9 a. 6). Diese z. t. nach zeit und ort schwankenden und mehrfach überhaupt nicht sicher zu begränzenden dehnungen sind in diesem buche nicht bezeichnet.

Geschichtliche entwicklung der stammsilben-vocale.

§ 3. Die urgermanischen vocale sind a) kürzen: *a, ë, i,* (*o* § 11), *u*; b) längen: *œ̂, ê, î, ô, û*; c) diphthonge: *ai, au, eu.*

Bevor die entwicklung der einzelnen vocale dargestellt wird, sollen in den folgenden paragraphen einige erscheinungen zusammengefasst werden, die sich auf mehrere vocale erstrecken.

§ 4. Durch ein ursprünglich der tonsilbe folgendes *i* oder *j* wird der stammvocal palatalisiert: *i*-umlaut. Der *i*-umlaut ist bereits in vorliterarischer zeit eingetreten, im überlieferten ags. sind die ihn bewirkenden *i* oder *j* meist schon zu *e* geworden oder geschwunden, so dass nur durch vergleichung des alts., gotischen etc. die ursachen des umlauts festzustellen sind.

Der *i*-umlaut ist im ags. sehr verbreitet. Er betrifft folgende vocale: ags. *œ* und *o, a* vor nasal (= germ. *a*) > *e* bez. *œ*, § 9, 1 und anm. 5; ags. *á* (= germ. *ai* und germ. *œ̂*) > *œ̂*, s. § 17 und § 12 b; — ags. *o* über *œ* > *e*, s. § 11; ags. *ó* über *œ́* > *é*, s. § 9 a. 3, § 12 c und d, § 15; — ags. *u* > *y*, s. § 11 und anm. 4; ags. *ú* > *ý*, s. § 16, § 10 a. 2; — ags. *ea* und *eo* über altws. *ie* > *y* (*i*), s. § 9, 2 und anm. 9, § 10, 2 und anm. 5; ags. *éa* und *éo* über altws. *ie* > *ý* (*í*), s. § 18, § 19.

Anm. 1. Als *i*-umlaut bezeichnet man gewöhnlich nicht den weit älteren übergang des germ. *ë* > *i*, s. § 10, 1.

§ 5. Brechung nennt man die diphthongierung des kurzen *a* > *ea* und des kurzen *ë, i* > *eo* (*io*), welche durch unmittelbar folgendes *r, l, h* + consonant, sowie durch einfaches *h* bewirkt wird. Die brechung wirkt nicht gleichmässig: am meisten durchgeführt ist sie vor *r* und *h*, weniger vor *l*, s. § 9, 2 a und § 10, 2 a. Die brechungsdiphthonge *ea, eo* werden verändert durch *i*-umlaut (§ 4) und durch benachbarte gutturale (§ 6).

§ 6. a) Durch folgenden gutturalen consonanten (§ 40) können diphthonge vereinfacht oder sonst verändert werden (fälschlich sog. palatalumlaut). Es wird dabei *ea* > *e* (angl. *œ*), s. § 9 a. 10; *éa* > *é*, s. § 18 a. 2, und *eo, io* (über altws. *ie*) > *i, y*, s. § 10, 2 a, vgl. § 10 a. 5.

b) Auch vorhergehende palatale consonanten wirken auf den vocalismus. Insbesondere entsteht *ea* statt *æ* aus germ. *a*, s. § 9, 2 b, vgl. § 9 a. 7; ebenso *éa* aus germ. *ǽ*, s. § 12 a. 2. Ferner wird germ. *ë* (über altws. *ie*) > *i* (*y*), s. § 10, 2 d. Weniger verbreitet sind die diphthongierungen *u, o* > *eo*, § 11 a. 3 und *éo* aus *ó*, s. § 12 a. 2. — Umgekehrt werden nach palatalen in beschränktem umfange diphthonge vereinfacht: *ea* > *e* und *éa* > *é*, s. § 9 a. 10 und § 18 a. 2. Vgl. auch § 10 a. 5.

§ 7. Als *u*-umlaut bezeichnen wir die diphthongierung des germ. *a* > *ea* und des germ. *ë, i* > *eo* (*io*), welche erfolgt, wenn auf diese laute ein altes *u* oder *o* folgt bei zwischenstehender einfacher consonanz: s. § 9, 2 c und anm. 8; § 10, 2 b und anm. 5. Der *u*-umlaut ist im sächsischen wenig entwickelt, mehr in den andern dialekten.

§ 8. Contraction. Ziemlich oft ist im ags. ein stammvocal mit dem nebensilbenvocal nach ausfall des zwischenstehenden consonanten (meist *h*, seltener *w, j*) contrahiert. In der regel absorbiert der stammvocal den nebenvocal, z. b. *téon* (aus *téohan*) ziehen, *fón* (aus *fóhan*) fangen, *tá* (aus *táhœ*) zehe. — Dagegen entstehen lange diphthonge, wenn germ. *a, æ, ë, i, í* mit einem *a, o, u* der nebensilbe contrahiert werden. Und zwar *a* > *éa*, s. § 9, 2 d, *æ* > *éa*, s. § 12 a. 3, *ë* (*i*) > *éo* (*ío*), s. § 10, 2 c und *í* > (*ío*), *éo*, s. § 14 a. 1.

a) Kurze vocale.

§ 9. Germ. **a** (got. *a*) ist im ags. in zweifacher weise entwickelt.

1) In der mehrzahl der fälle ist es einfacher vocal geblieben, und zwar entweder *æ*, oder *a*, oder ein mit *o* wechselndes *a*. Der *i*-umlaut aller dieser laute vor germ. einfacher consonanz ist *e*, vor germ. consonantgruppen in der regel *æ*. — a) In geschlossener silbe steht regelmässig *æ*, z. b. *dæg* tag, *sæt* sass, *hæft* gefangen, umgelautet *settan* (got. *satjan*) setzen, *tellan* (got. *taljan*) zählen, *bed* (ahd. *betti*) bett; aber *hæftan* (got. *haftjan*) heften, *fæstan* befestigen, *næglan* nageln. — b) Dagegen ist in offener silbe *a* vor folgendem *a, o, u* erhalten, z. b. *daʒa, daʒum* (g. d. pl. zu *dæʒ*), *nacod* nackt; ebenso vor dem aus *o* entstandenen *i* der sw. v. II, z. b. *macian*

(alts. *macon, macoian*) machen. Vor folgendem *c* steht meist *æ*, z. b. *œccr* acker, *mæʒen* kraft, *dæʒes, dæʒe* (g. d. sg. zu *dæʒ*), aber bei adjectiven *hwates, hwate* (g. i. sg. zu *hwæt* scharf); auch sonst ist vor *e* vielfach schwanken zu bemerken, z. b. im part. pt. der st. v. VI (§ 95): *ʒrafen* und *ʒræfen*. Vor früher folgendem *i* (*j*) steht durch umlaut *e*, z. b. *sele* (alts. *seli*) saal, *mete* (alts. *meti*, got. *mats*) speise. — c) Vor nasalen steht in älterer zeit meist *o* mit *a* abwechselnd, in späterer zeit wird dafür die schreibung *a* herschend: der laut war wol ein offenes *o*. Im folgenden ist es, zum unterschied von dem geschlossenen *o* (§ 11 und § 10 a. 3) durch *ǫ* bezeichnet. Z. b. *nǫma* und *nama* name; *mǫn* und *man*, pl. (*i*-umlaut) *men*; *strǫnʒ* und *stranʒ* stark, compar. *strenʒra*; *ʒǫnʒan* und *ʒanʒan*, dazu *ʒenʒe* (aus *ʒanʒi*) gangbar, gäng; *sǫnd* und *sand* bote, *sendan* (got. *sandjan* senden.

Anm. 1. In geschlossener silbe steht meist *a* vor geminaten und *sc* in mehrsilbigen formen, z. b. *habban* haben (§ 104), *crabba* krabbe, *wascan* waschen; ferner durch angleichung im imperativ der st. v. VI, z. b. *far* (nach praes. *faran*).

Anm. 2. In einigen minderbetonten wörtern ist *a* zu festem (geschlossenem) *o* geworden: adv. *þonne, hwonne*; praep. *of, on*; pronominalformen wie acc. sg. *þone* (§ 63), *hwone* (§ 85).

Anm. 3. Bei ausfall des nasals vor spiranten (§ 31) ist das *o* (*a*) zu langem *ó* geworden, mit *i*-umlaut *é*, z. b. *óðer* (got. *anþar*), *ʒós* gans, pl. *ʒés*.

Anm. 4. Besonders im kent. dialekt steht *e* für *æ* (*deʒ, set* etc.).

Anm. 5. Statt des umlauts-*e* steht auch vor einfacher consonanz *æ* in gewissen zumal dreisilbigen formen, wie *æðele* edel, *ʒædeling* verwanter, aber auch *hæleð* held, u. a.; ferner erscheint *æ* als umlaut von *ǫ, a* vor nasalen fest in *ærnan* sprengen (got. *rannjan*), *bærnan* brennen (causat.), sonst nur hie und da dialektisch (z. b. *mæn, sændan* für *men, sendan*).

2) In bestimmten fällen ist *a* im ags. zum diphthong *ea* geworden; der ws. *i*-umlaut dieses *ea* ist in der ältesten zeit *ie*, später *i* und *y*; letzteres ist die gewöhnlichste form des ws. Die diphthongierung tritt ein: a) als sog. brechung vor *r, l, h* + consonant und vor auslautendem *h*, z. b. *earm* arm, dazu *iermðu*, gemeinws. *yrmðu* (ahd. *armida*) elend; *eald* alt, compar. *ieldra, ildra, yldra* (alts. *aldiro*), *weallan* wallen, dazu *wylm* (*i*-st.) wallung; *eahta* 8, *weaxan* wachsen, *meaht* macht und *neaht* nacht, mit danebenstehenden umgelauteten *miht, niht*; *hliehhan, hlihhan, hlyhhan* (§ 95 a. 5, got. *hlahjan*) lachen;

praet. *seah* (alts. *sah*) zu *séon* sehen. — b) *ea* entsteht aus *a* durch vorausgehenden **palatal**, z. b. *ʒeaf* (got. *gaf*) gab, *ceaf* (mhd. *kaf*) spreu, *sceatt* (got. *skatts*) geld; mit *i*-umlaut *ʒiest, ʒist, ʒyst* (stamm *ʒasti-*) gast, *scieppan, scyppan* (§ 95a. 5, got. *skapjan*) schaffen. — c) *ea* entsteht bisweilen durch folgendes *u* (*o*), als *u*-umlaut, in *ealu* bier, vgl. anm. 8. — d) langes *éa* entsteht durch **contraction** eines *a* mit einem vocal der folgenden silbe, z. b. *sléan* (got. *slahan*) schlagen, *éa* (got. *ahva*) fluss, *cléa* aus **clawu* klaue (neben neugebildetem *clawu*).

Anm. 6. Vor *l*-verbindungen erscheint neben *ea* auch häufig *a*, z. b. *ald, wallan*; in den anglischen dialekten ist dies regel. Im north. steht auch vor *r*-verbindungen öfter *a* statt *ea*, also north. *arm* und *earm.*

Anm. 7. Das *ea* nach palatalen steht nur da wo sonst *æ* zu erwarten wäre, also in geschlossenen silben, während in offenen silben und vor nasalen *a* (*ǫ*) bleibt, z. b. *ʒalan* singen, *ʒanʒan, ʒǫnʒan* gehen; doch steht auch da nach *sc* oft *ea*, z. b. *sceacan* und *scacan* schütteln, *sceamu* (*scǫmu*) und *scamu, scǫmu* scham.

Anm. 8. *ea* vor *u* ist in strengwests. prosa nicht üblich: dort herschen abgesehen von *ealu* nur formen wie *caru* sorge, *afora* nachkomme. Häufiger ist der *u*-umlaut (*cearu, eafora*) in den poet. texten. Am stärksten ist er in den anglischen dialekten ausgebildet.

Anm. 9. Als *i*-umlaut des *ea* erscheint in manchen texten auch *e* statt *ie, i, y,* z. b. *eldra, welm, ʒest, sceppan.* In den nichtsächsischen dialekten ist *e* die regel, nur erscheint vor *l*-verbindungen (namentlich in den anglischen mundarten, und so gelegentlich in der poesie) *æ* als umlaut des (im anglischen ungebrochenen, anm. 6) *a,* z. b. angl. *ald,* comp. *ældra.*

Anm. 10. Im angl. wird *ea* durch folgenden guttural zu *æ* (fälschlich sog. palatalumlaut), z. b. *æhta, wæxan, sæh;* im spätws. erscheint in gleicher stellung *e: ehta, wexan, seh.* Spätws. ist *e* statt *ea* auch nach palatalen häufig eingetreten, z. b. *ʒef, celf* für *ʒeaf, cealf.*

§ 10. Germ. e (*ë*) und i (got. zusammengefallen in *i* bez. *ai*) zeigen im ags. eine zweifache entwicklung:

1) In vielen fällen sind germ. *ë* und germ. *i* im ags. geblieben; nur ist *ë* vor nasalverbindungen und vor einem *i, j* der folgenden silbe in *i* übergegangen und so mit dem alten *i* zusammengefallen. Dieser übergang ist allen germ. sprachen gemeinsam; im ags. und alts. ist ausserdem auch vor einfachem *m* das *ë* zu *i* geworden. Beispiele des *ë: wëder* wetter, *þëʒn* diener, praesensformen (st. v. III. IV. V § 92—94) wie *hëlpan sprëcan, cwëðan;* — altes *i: witan* wissen, *bite* der biss, und in den st. v. I (§ 90), z. b. pl. praet. *bitun,* part. pt. *biten;* —

neues *i*: *blind, hrinx* ring, praesensformen st. v. IIIa (§ 92) *bindan, swimman*, und vor einfachem *m*: *niman* (ahd. *nĕman*) nehmen; *biddan* (alts. *biddian*) bitten (§ 94), *sibb* (got. *sibja*) sippe.

Anm. 1. Infolge der einwirkung des *i, j* auf vorhergehendes *ĕ* ergiebt sich in vielen wortstämmen ein wechsel zwischen *ĕ* und *i*, z. b. bei den st. v. III—V durch die endung der 2. 3. sg. praes. (früher: -*is*, -*iþ*): *hĕlpan*, 1. sg. *hĕlpe*, aber *hilp(e)st, hilp(e)ð*; *cwĕðan* reden, aber *cwide* (alts. *quidi*) rede; zu *biddan* part. pt. *bĕden* (alts. *biddian*, aber *gibĕdan*).

Anm. 2. Bei ausfall des nasals vor spiranten (§ 31) wird *i* zu *í*, z. b. *fíf* (got. *fimf*) 5, *síð* (got. *sinþs*) weg.

2) In bestimmten fällen sind *ĕ* und *i* im ags. diphthongiert zu *eo* und *io*. Doch ist die scheidung der *eo* und *io* nach ihrer herkunft aus *ĕ* oder *i* schon in der ältesten zeit im süden des sprachgebiets nicht mehr ganz sauber; später tritt im ws. immer mehr *eo* für beide ein, und dies ist als die normalform des spätws. zu bezeichnen; das kent. bevorzugt umgekehrt die form *io*. — Der *i*-umlaut des *eo* (*io*) ist altws. *ie*, welches mit dem *i*-umlaut von *ea* (§ 9, 2) zusammenfällt und später in *i, y* übergeht. Die diphthongierung des *ĕ, i* tritt ein: a) als sog. brechung vor *r* + cons., vor *lc, lh*, vor *h* + cons. und vor einfachem *h*. Doch ist vor *h* das *eo* (*io*) meist zu altws. *ie*, dann gemeinhin *i* (seltner *y*) geworden. Z. b. *heorte* herz; *weorpan* werfen, dazu mit umlaut 3. sg. *wierpð, wyrpð*; *hierde, hyrde* (alts. *hirdi*) hirt; — *meolcan* melken, *feorh* (alts. *fĕrah*) leben; — *feohtan* fechten, *feoh* vieh; aber statt des seltenen und dialektischen *reoht* recht, *seox* sechs etc. wests. regelmässig (*rieht*), *ryht, riht*; *siex, six, syx* etc. — b) Durch *u*- und *o*-umlaut wird *ĕ, i* zu *eo* (*io*): z. b. *eofor* (ahd. *ĕbur*) eber, *mioluc*, später *meolc* milch, dial. *frioðu* friede, in sw. v. II praet. *hlionude, hleonode* (zu alts. *hlinon*) lehnen, *tiolude, teolode* (zu alts. *tilon*) zielen. — c) Durch contraction der *ĕ* (*i*) mit folgenden *a, o, u* entsteht langes *éo* (*ío*), z. b. *séon, síon* (alts. *sĕhan*) sehen, *twéo, twío* (alts. *twëho*) zweifel. — d) Zu *ie* ist *ĕ* diphthongiert im altws. durch vorhergehende palatale, z. b. *xiefan* geben, *xieldan* (alts. *gĕldan*) bezahlen, *xielp* prahlerei. Dieses *ie* ist aber später zu *i, y* geworden, also *xifan* (*xifu* gabe), *xyldan, xildan, xilp*.

Anm. 3. Die gruppe *wio* (*weo*) aus *wi*- wird gewöhnlich zu *wu*, also urspr. *wiodu* holz (ahd. *witu*) zu *wudu*; urspr. *wiocu* woche zu *wucu* (daneben selten kent. *wiodu, weodu* a. ä.; über *wicu* s. anm. 4) altes *weo* aus *wē* wird nur spätags. zu *wu*: *sweoster — swuster* schwester, *weorðan — wurðan* werden; zu *wo* wird *weo* regelmässig in *worold* (welt) aus *weorold*, vereinzelt in andern fällen: im north. geht *wo* aus *weo* erheblich weiter (north. *worpa, sword* statt *weorpan, sweord*).

Anm. 4. In einigen angl. texten ist das *eo* (*io*) ohne *i*-umlaut (z. b. *weorpan* werfen, wie *heorde* hirt); doch setzt das north. für *eo* oft *ea*, für den umlaut meist *io* (*hiorde*). Vor gutturalen ist altes *eo* in den anglischen mundarten sehr frühzeitig zu *e*, altes *io* zu *i* geworden, z. b. north. *reht*, *sex*; *rihta* richten; vor gutturalen tritt daher hier auch der übergang von *wio* zu *wu* nicht ein; daher angl. *wicu* neben wests. *wucu*, anm. 3. Auch nach palatalen steht in den dialekten *ĕ* statt wests. *ie, i, y* (also *zĕldan, zĕlp*); im wests. ist dies nur vereinzelt der fall.

Anm. 5. Der *u*- und *o*-umlaut ist am häufigsten in den nichtsächs. dialekten, besonders den anglischen: er kommt daselbst auch in der flexion vor. In wests. prosa findet sich dieser umlaut meist nur vor *r, l* und labialen: *heorot* hirsch, *meoluc* milch, *heofon* himmel, selten vor gutturalen (*reozol, siozor* neben *rĕzol, sizor*); er fehlt fast ganz vor dentalen (*ĕdor* etter, *mĕdu* met) und in der flexion (z. b. *spĕre* speer, pl. *spĕru, zesĕt* wohnung, pl. *zesĕtu*). Die poetischen denkmäler haben ihn etwas stärker, z. b. *eodor, meodu, zeseotu*.

§ 11. Germ. u (got. *u, aú*) ist in allen germ. sprachen ausser dem gotischen in *o* und *u* gespalten: zu *o* ist *u* geworden, wenn in der folgenden silbe ein *a, e, o* stand, ausser wenn eine nasalverbindung oder (im ags. und alts.) ein einfacher nasal dazwischenstand. Im übrigen ist *u* geblieben, also insbesondere wenn *i* (*j*) oder *u* darauf folgten. Der *i*-umlaut des *u* ist *y*; der *i*-umlaut des *o* ist *e* (aus *œ*, so z. b. noch north.), soweit er secundär eingetreten ist (statt des eigentlich zu erwartenden *y*). Beispiele: st. v. II (§ 91) pl. praet. *budon* (alts. *budun*), part. pt. *boden* (alts. *gibodan*), dazu *boda* bote; in st. v. III (§ 92) pl. pt. *bundon, hulpon*, aber part. pt. *bunden, holpen*; *sunu* sohn, *burz* stadt; *zuma* (ahd. *gomo*) mann, *þunor* donner (ahd. *donar*). Umlaute: *zod*, aber *zyden* göttin (ahd. *got — gutin*); *hold*, aber *hyldo* huld (alts. *hold — huldi*); *dohtor* tochter, d. sg. *dehter*, north. *dœhter* (aus **dohtri*, statt älterem **duhtri*).

Anm. 1. In einigen wörtern ist ags. und alts. *u* geblieben, wo man *o* erwarten sollte: meist neben labialen, z. b. *wulf* wolf, *full* voll, *fuzol* vogel, *lufian* lieben, *murnan* trauern, *bucca* bock, *wulle* wolle.

Anm. 2. Vor spiranten wird *un* zu *ú* (§ 30), z. b. *cúð* (kund), dazu umgelautet *cýðan* (alts. *kúðian*) künden.

Anm. 3. Nach *j* wird *u* meist diphthongiert zu *eo*, z. b. *ʒeonʒ* jung, *ʒeoʒuð* jugend; doch daneben (namentlich dial.) auch *iunʒ* (*ʒunʒ*, *ʒuʒuð*). Ebenso steht *eo* statt *o* in *ʒeoc* joch.

Anm. 4. Statt des umlauts-*y* erscheint in der späteren sprache öfter *i*, besonders nach *c* (z. b. *cininʒ* für *cyninʒ*) und vor palatalen z. b. *hiʒe* für *hyʒe*, *pincean* für *pyncean*).

b) Lange vocale.

§ 12. Germ. *æ̂* (got. *ê*), welches im ahd. alts. zu *á* geworden ist, erscheint im ags. in dreifacher gestalt: a) Regelmässig ist es wests. *æ̂*, z. b. *slǽpan* (got. *slêpan*) schlafen, *rǽdan* raten, im pl. pt. der st. v. IV—V (§ 93. 94), *bǽron*, *sǽton*. — b) Vor folgendem *w* ist es *á*, wird hier aber durch *i*-umlaut zu *æ̂*; z. b. *sáwon* pl. pt. zu *séon* sehen (alts. *sáwun*), *lǽwan* (got. *lêwjan*) verraten). — c) Vor nasalen ist es gemeinags. *ô*, welches mit germ. *ô* (§ 15) zusammenfällt und wie dieses durch *i*-umlaut über *œ̂* zu *é* wird; z. b. *móna* (got. *mêna*) mond, *nómon* (got. *nêmun*) sie nahmen; umgelautet *wén*, angl. *wǽn* (aus *wóni-*, got. *wêns*) hoffnung, *cwén*, angl. *cwǽn* (got. *qêns*) frau. — d) Zu diesem *ó* ist auch das germ. nasalierte *á* vor *h* (aus *-auh-*) geworden, z. b. *bróhte* (got. *bráhta*) brachte, *fón* (got. *fáhan*) fangen, *óht* (ahd. *áhta*) verfolgung, dazu *éhtan* (alts. *áhtian*) verfolgen. Vgl. auch *ó* aus *an* vor spiranten § 9a. 3.

Anm. 1. In einzelnen wörtern erscheint *á* neben *æ̂*, z. b. *swár* schwer, *lácnian* heilen, vor *ʒ* in praet. wie *láʒon* (sie lagen) u. a.

Anm. 2. Zu *éa* ist *æ̂* geworden nach palatalen, z. b. *ʒéafon* (sie gaben), *scéap* schaf; ausserdem in *néah* (got. *nêh*) nahe. — *éo* statt *ó* erscheint nach *ʒ* für germ. *æ̂* in *ʒéomor* (ahd. *jámar*) jammer.

Anm. 3. Zu *éa* wird germ. *æ̂* auch bei contraction mit einem *a*, *o*, *u* der nebensilbe, *néar* (aus *næhor*) näher.

Anm. 4. Statt eines zu erwartenden *æ̂* (vgl. *lǽce*, ahd. *lâhhi* arzt), steht *é* in *méce* (alts. *mâki*) schwert.

Anm. 5. Statt der *æ̂*, *á* von § 11 a und b und anm. 1 haben die nichtsächs. dialekte (und so öfter auch die poesie) *é*: *slépan*, *rédan*, *béron*, *séton*, *léʒon*, *lécniʒan* etc.

§ 13. Germ. *ê* (got. alts. *ê*, ahd. *ia*) ist ags. geblieben, z. b. *hér* (got. *hêr*) hier, *cén* (ahd. *kian*) kien, dazu die red. praett. wie *hét*, *slép* (§ 97).

§ 14. Germ. *î* (got. alts. ahd. *î*) ist im ags. geblieben, z. b. *mín* mein, *ríce* reich, *wíf* weib; praes. st. v. I (§ 90) *grípan*.

Anm. 1. Durch contraction des *í* mit folgendem *a*, *o*, *u* entsteht (*ío*), *éo*, z. b. *píon*, *péon* (alts. *thíhan*) gedeihen, *líon*, *léon* (alts. *líhan*) leihen.

Anm. 2. Für auslautendes *i* wird öfter *iᵹ* geschrieben, z. b. *biᵹ, siᵹ* für *bi, si*.

§ 15. Germ. *ô* (got. alts. *ô*, ahd. *uo*) ist im ags. geblieben; sein *i*-umlaut ist *é* (alt und im angl. *ǽ*); z. b. *bôc* buch, pl. *béc* (angl. *bǽc*), *dóm* urteil und *déman* (angl. *dǽman*, alts. *dô-mian*) urteilen, *sécan* (angl. *sǽcan*; alts. *sôkian*) suchen, praet. *sôhte*.

Anm. 1. Ebenso *ó* aus *an* (s. § 8 a. 3) und das aus germ. *œ̂* bez. nasaliertem *â* entstandene *ó* (s. § 12 c. d).

§ 16. Germ. *û* (got. alts. ahd. *û*) ist im ags. geblieben, z. b. *hús* haus, *lúcan* (got. *lûkan*) schliessen; sein *i*-umlaut ist festes *ý*: 3. sg. *lýcᵭ* (got. *lûkiþ*), *tún* zaun, *ontýnan* öffnen, *brýd* (aus *brûdi*-) braut.

Anm. 1. Ebenso *ú—ý* aus *un* vor spirans: § 11 a. 2.

c) Diphthonge.

§ 17. Germ. *ai* (got. *ai*, alts. *ê*, ahd. *ei, ê*) ist im ags. zu *á* contrahiert, welches durch *i*-umlaut zu *ǽ* wird; z. b. *stán* stein, *stǽnen* (ahd. *steinîn*) steinern, *ᵹást* geist, *sáwol* (got. *saiwala*) seele, *hál* heil — *hǽlan* (alts. *hêlian*) heilen, *án* ein — *ǽniᵹ* ullus, praet. st. v. I (§ 90) *stáᵹ*.

Anm. 1. Vereinzelt steht *ó* (neben *á*) immer, nebst compositis (*ówuht* etc.) aus got. *áiw* (ahd. *eo*). Ferner vielleicht *wéa* leid (ahd. *wêwo*).

§ 18. Germ. *au* (got. *au*, alts. *ô*, ahd. *ou, ô*) ist im ags. zu *éa* geworden; dessen *i*-umlaut ist altwests. *ie*, das dann zu *i* und gemeinhin zu *ý* wird; z. b. *éac* auch, *béaᵹ* (ahd. *boug*) ring, *béacen* (ahd. *bouchan*) zeichen — *bicnan, býcnan* ein zeichen machen, *héah* (got. *háuhs*) hoch — comp. *hierra, hirra, hýrra* (got. *hauhiza*) höher (§ 72 a. 2), *hieran, hiran, hýran* (got. *haus-jan*) hören, praet. st. v. II (§ 91) *céas*.

Anm. 1. Zu *éa* ist auch das aus *aww* (§ 27 a. 4) entwickelte westgerm. *au* geworden, z. b. *ᵹléaw* (alts. *glau*, got. *glaggwus*) klug.

Anm. 2. Vor und nach gutturalen zeigt sich spätws. öfter *é* statt *éa*: *béᵹ* ring, *bécen* zeichen; *cés* (praet. = *céas*). In den angl. dialekten ist dieses *é* vor gutturalen regel; auch der *i*-umlaut von *éa* ist dort (und kent.) *é*, z. b. *héran*.

§ 19. Germ. *eu* (got. *iu*) hatte sich (wie im alts. und ahd. in *eo* und *iu*) im urags. zunächst in *eu* und *iu* gespalten. Das alte *eu* ist nachher zu *éo* geworden, das alte *iu*, soweit überhaupt erhalten (vgl. anm. 2. 4), zu *ío*, das dann später ebenfalls in *éo* überging (vgl. § 10, 2); im wests. ist aber das *iu*, das fast nur vor folgendem *i*, *j* stand, in der regel durch *i*-umlaut zu *íe*, *í*, gemeinws. *ý* geworden. Dieser *i*-umlaut fällt also mit dem von *éa* zusammen. Beispiele: *séoc* (got. *siuks*) krank, *léoht* licht — *liehtan, líhtan, lýhtan* (got. *liuhtjan*) leuchten, praes. st. v. II (§ 91) *céosan* — 3. sg. *cíesð, cýsð* (alts. *keosan, kiusid*); *béodan* — *býtst, být.*

Anm. 1. Zu *éo* ist auch das aus germ. *ĕwō* (§ 27 a. 4) entwickelte westgerm. *eu* geworden, z. b. *tréow* (alts. *treuwa*, got. *triggwa*) treue — *getríewe, getrýwe* (alts. *gitriuwi*) getreu; aber stets *níwe* neu, *híw* gestalt.

Anm. 2. Im north. ist altes *eu* (alts. *eo, io*) teilweise zu *éa* geworden, neben dann seltenerem *éo*, z. b. *déap (déop)* tief, *déar (déor)* tier; sein *i*-umlaut ist *ío*, z. b. *díore* teuer. In anderen texten wird unterschiedslos *éo (ío)* geschrieben, *déop, déor* wie *díore*. Das kent. liebt *ío (ía)* auch für *éo, díop, díar* u. ä.

Anm. 3. Vor gutturalen ist das *éo* in den angl. dialekten zu *é*, das *ío* zu *í* geworden, z. b. north. *léht* licht, *léga* (= wests. *léogan*) lügen; *líhta* (alts. *liuhtian*) leuchten.

Anm. 4. Auch im strengwests. kommt in gewissen wörtern statt oder neben *íe*, *í*, *ý* ein nur halb umgelautetes altws. *ío*, später *éo* vor, z. b. *léode* (altws. *líode*) leute, *gebéode* (altw. *gebíode*) sprache, *stéoran* (altws. *stíoran*) neben *stýran* (altws. *stíeran*) steuern. Ausserdem sind auch sonst dialektische *éo* öfter in wests. texte verschleppt, *getréowe, néowe* u. ä.

B. Die vocale der nebensilben.

§ 20. In den endungssilben kommen im gemeinags. nur die kurzen vocale *a, e, o, u* vor. Die germ. langen endungsvocale sind im ags. also sämmtlich zu kurzen vocalen geworden, auch hat der vocal *e* in den endungen auf kosten der übrigen vocale schon sehr überhand genommen. Alle früheren *i* in den endungen sind ags. zu *e* geworden, z. b. alts. *ríki*, ags. *ríce*, conj. pt. alts. *bundi*, pl. *bundin*, ags. *bunde — bunden.* Für *-u* tritt in endungen häufig *-o* ein, z. b. n. sg. *gifu* und *gifo* (§ 50); pl. pt. *bundon* (alts. *bundun*).

Anm. 1. Die ältesten ags. quellen zeigen noch das *i* der endungen (z. b. *ríci*), ebenso haben sie noch ein *æ* in gewissen endungen (z. b. *tungæ* n. sg. § 60, 1); für beide tritt aber bald *e* ein.

Anm. 2. Früheres auslautendes *u* und *i* ist ags. (und alts.) geschwunden nach langer stammsilbe, nach kurzer dagegen erhalten. Das geschwundene *i* hat aber im ags. noch umlaut hinterlassen. Daher z. b. der unterschied in der *i*-declination (§ 54 ff.) zwischen kurzsilbig *wine, hyge*

(alts. *wini, hugi*) und langsilbig *wyrm, gléd* (alts. *wurm, glôd*); in der u-
decl. (§ 57) zwischen *sunu* und *flôd* (got. *sunus, flôdus*); in der 0-decl.
(§ 50) zwischen n. sg. *gifu* und *âr*. Bei mehrsilbigen wörtern ist früheres
-*i* ebenfalls geschwunden, -*u* dagegen nur teilweise (s. flexionslehre § 46 a. 1,
§ 49 c, § 67 c).

§ 21. Als mittelsilben bezeichnen wir die zwischen
stamm und endungen stehenden bildungssilben drei- und mehr-
silbiger wörter; sie können auch das ende des wortes bilden
in den der eigentlichen endung entbehrenden formen, z. b. n.
sg. *wërod*, g. *wërodes*).

a) Auch in den mittelsilben hat das ags. wahrscheinlich
keine langen vocale mehr, es begegnen nur die kurzen. Und
zwar *i* selten (in ableitungen wie -*ig*, -*isc*, -*ing*, -*nis*), meist ist
es zu *e* geworden, z. b. *micel, yfel* (got. *mikils, ubils*); nur in
den sw. v. II (§ 103) ist *i* aus *ó* neu entstanden (*macian* zu
alts. *macoian*). Auch *u* ist in mittelsilben schon oft zu *o* ge-
worden, z. b. *eofor* (ahd. *ëbur*) eber, *hafoc* (seltner *hafuc*, ahd.
habuh) habicht.

b) In drei- und mehrsilbigen wörtern sind alte mittelvocale
im ags. vielfach synkopiert worden. Es lässt sich die regel
aufstellen, dass in dreisilbigen wörtern jeder ursprünglich
kurze und nicht durch position geschützte mittelvocal syn-
kopiert wird nach langer stammsilbe, dagegen nicht nach
kurzer stammsilbe. Bei viersilbigen wörtern wird ohne rück-
sicht auf die stammsilbe der zweite mittelvocal synkopiert,
falls er kurz und nicht durch position geschützt ist. Z. b. g.
sg. *déofles, engles, ôðres, héafdes*, aber *rodores, e(o)tones, nacodes*
zu n. sg. *déofol, engel, ôðer, héafod; rodor, e(o)ton, nacod;* vier-
silbige, z. b. adjectivformen wie *háligre, háligne* (= alts. *hêla-
garo, hêlagana*).

Anm. 1. Die synkopierungsregeln erleiden manche ausnahmen, so
wenn *micel, yfel* bei kurzem stammvocal synkope zeigen (g. *micles, yfles*);
oder wenn besonders später durch analogiewirkung bei langsilbigen der
mittelvocal bisweilen widerhergestellt wird (z. b. *déofoles* nach n. sg. *déofol*).
Umgekehrt tritt auch bei kurzsilbigen synkope ein; regelmässig ist dies
in einzelnen casus der adjectivdeclination, z. b. *hwœtre, hwœtne* § 68.

Anm. 2. Im allgemeinen unsynkopiert bleiben mittelvocale, die
früher lang waren, z. b. sw. praet. *lócode* (vgl. got. *salbôda*), ebenso die
durch position geschützten, z. b. superlative *yldesta, lengesta*, oder subst.
wie *eornest*, g. *eornestes*. Doch finden sich auch in diesen fällen bisweilen
ausstossungen, besonders später.

c) Ein neuer mittelvocal entsteht oft aus silbischen *r*, *l*, *n*, (*m*), wo diese im ausgang des wortes stehen. Der neue vocal ist *e* oder *o*, und zwar steht meist *o* (*u*) nach velarem, *e* nach palatalem stammvocal. Z. b. *finger* (g. *figgrs*), *fæger* (got. *fagrs*), *hlútor* (got. *hlútrs*) lauter; *fugol* (got. *fugls*), *wǽpen* (got. *wépn*) waffe, *tácen*, seltner dial. *tácon* (got. *taikns*) zeichen; vor *m* gilt meist *u*, *máðum* (got. *maiþms*) kleinod.

Anm. 3. Der vocal ist am regelmässigsten bei *r*, am seltensten bei *m*, aber auch silbisches *l* bleibt meist nach dentalen, *n* nach kurzer silbe unverändert, z. b. *nǽdl* nadel, *sètl* sitz, *hræfn* rabe, *þègn* held, *wæstm* wachstum. Doch finden sich in allen diesen fällen daneben formen mit neuem vocal. Umgekehrt finden sich bei *l*, *n* häufig formen ohne vokal neben solchen die meist vocal haben, z. b. *tácn* neben *tácen*.

Anm. 4. Der neue mittelvocal dringt nach kurzer wurzelsilbe auch ein, wenn das wort um eine endungssilbe wächst, besonders vor *r*, z. b. *fægeres*, *wæteres* (zu *wæter* wasser); aber auch sonst, z. b. *fugolas* neben häufigerem *fuglas*, *þègenas* neben *þègnas* zu *þègn*, *þègen*. Nach langer wurzelsilbe tritt dies nicht ein, also stets *máðmes*, *tácnes* zu *máðum*, *tácen* (*tácn*).

§ 22. Die stammvocale der minderbetonten zweiten glieder von compositis verfallen der abschwächung und werden zu einfachen mittelvocalen, sobald die zusammensetzung nicht mehr deutlich als solche gefühlt wird. Lange vocale und diphthonge werden dabei verkürzt und verändern oft auch ihre vocalqualität, indem die im ags. beliebtesten mittelvocale *e*, *a*, *o* sich dafür einstellen. So z. b. verkürzung des *i* in den composs. mit -*líc*, also *mislic*, und abschwächung zu *e* in dreisilbigen formen, wie *misleca*, *mislecor*; neben *teoru* (teer) steht *scipteara*, *sciptara*; *hláford* (herr) aus **hláfweard*, *hordern* (schatzhaus) zu *ærn* (haus).

Anm. 1. Viele schon in vorhistorischer zeit veränderte composita sind im ags. ganz unkenntlich und machen den eindruck einfacher wörter. Z. b. *óret* kampf (aus **or-hát*), *æfest*, *æfst* neid (aus **æf-ýst*), *áwer* irgendwo (aus *á-hwǽr*), *fréols* freiheit (aus **frí-hals*) etc.

II. Abschnitt. Consonanten.

A. Allgemeines.

§ 23. Als urgermanische consonanten nehmen wir an:

a) Sonorlaute: *w*, *j*; *r*, *l*; *m*, *n*, *v*.

b) Geräuschlaute:
1. Stimmlose (harte) verschlusslaute: *p, t, k.*
2. Stimmlose (harte) spiranten: *f, þ, s, χ.*
3. Stimmhafte (weiche) spiranten: *ƀ, ð, ᴣ, γ.*

Die gotischen consonanten stimmen hiermit im ganzen über-
ein, nur entsprechen den stimmhaften spiranten *ƀ, ð, γ* im got.
die zeichen *b, d, g,* welche aber sowol stimmhafte spiranten
als stimmhafte verschlusslaute bezeichnen, letztere hauptsäch-
lich im anlaut.

Den organen nach zerlegen sich die geräuschlaute ein-
schliesslich der nasale in a) labiale: *p, b, f, ƀ, m;* — b) den-
tale: *t, d, þ, ð, s, n;* — c) sog. gutturale, d. h. *k, g, χ, γ, ꝡ;*
letztere können entweder am vordergaumen oder am hinter-
gaumen gebildet werden und heissen dann specieller im ersten
fall palatale, im zweiten velare.

§ 24.   In den westgerm. sprachen sind mit den germ.
weichen spiranten folgende veränderungen vorgegangen:
a) *ᴣ* (stimmhafter *s*-laut = got. *ᴣ*) ist inlautend zu *r* geworden,
auslautend dagegen geschwunden, z. b. ags. *mára*, alts. *mêro*
(got. *maiᴣa*), ags. alts. *hord* (got. *huᴣd*); ags. alts. *sunu* (germ.
*sunuᴣ, got. *sunus*), ags. *wé*, alts. *wi* wir (germ. *wiᴣ, got. *weis*).
— b) germ. *ð* ist westgerm. überall zum verschlusslaut *d* ge-
worden, vgl. § 37. — c) germ. *ƀ* ist westgerm. im anlaut, nach
m und bei gemination zum verschlusslaut *b* geworden, sonst
aber in- und auslautend spirans (ags. *f,* alts. *ƀ, f*) geblieben,
vgl. § 34. — d) germ. *γ* ist im wesentlichen sowol an- als in-
lautend stimmhafte spirans geblieben (ags. *ᴣ,* alts. *g*) und ist
nur in wenigen stellungen im ags. zum stimmhaften verschluss-
laut entwickelt, vgl. § 42.

§ 25.   Grammatischer wechsel.   Schon im urgerm.
sind die inlautenden stimmlosen spiranten *f, þ, s, χ* nach be-
stimmten gesetzen vielfach erweicht worden zu den ent-
sprechenden stimmhaften spiranten *ƀ, ð, ᴣ, γ,* welche mit den
alten urgerm. stimmhaften spiranten zusammenfielen und im
westgerm. die in § 24 angegebenen veränderungen erlitten.
Es entstand so in zusammengehörigen formen ein wechsel
urgerm. *f—ƀ, þ—ð, s—ᴣ* und *χ—γ.* Dieser wechsel tritt auch
im ags. noch vielfach in der wortbildung und in der flexion

der starken verba hervor und wird 'grammatischer wechsel' genannt. Doch ist der wechsel *f—ƀ* im ags. dadurch unkenntlich geworden, dass statt *ƀ* gewöhnlich *f* geschrieben wird (§ 34 und anm. 1. § 35), also die stufen germ. *f—ƀ* äusserlich zusammenfallen. Die drei übrigen wechselpaare sind: ags. *ð—d*, *s—r*, *h* (inlautend meist geschwunden, s. § 42b) — *ʒ*. Z. b. *cwëðan*, *cwæð*, *cwǽdon*, *cwëden* sprechen § 94, *cwide* spruch; — *ʒlæs* glas, *ʒlæren* gläsern; *céosan*, *céas*, *curon*, *coren* wählen § 91, *cyre* wahl; — *téon* (aus *téohan*), *téah*, *tuʒon*, *toʒen* ziehen § 91, *tyht* zucht, *-toʒa* dux (in *heretoʒa*, *folctoʒa*).

Anm. 1. Neben *h—ʒ* steht ein wechsel *h—w*, der auf germ. *hw—ʒw* zurückgeht, indem *ʒw* schon urgerm. zu *w* geworden war, *hw* aber westgerm. zu einfachem *h* wurde, z. b. *séon* (alts. *séhan*, got. *saíhan*), *seah*, *sáwon*, *ʒesewen* sehen § 94 a. 4, *ʒesyhð* anblick, *ʒesyne* (vgl. alts. *gisiuni*) deutlich.

Anm. 2. Viele fälle des gramm. wechsels sind ags. schon durch ausgleichung beseitigt.

§ 26. Gemination. Neben den einfachen consonanten kommen im ags. auch sehr häufig geminaten vor. a) Dieselben sind z. t. urgermanisch, also in allen germ. sprachen vorhanden, z. b. *feallan*, *swimman*, *on-ʒinnan*, *bucca* bock, *sceat*, g. *sceattes* (got. *skatts*). — b) Eine grosse zahl von geminaten sind allgemein westgermanisch, indem nach kurzem vocal durch folgendes *j* alle einfachen consonanten (ausser *r*) geminiert wurden, z. b. ags. *willa*, alts. *willio* (got. *wilja*), *settan*, alts. *settian* (got. *satjan*), *scyppan*, alts. *skeppian* (got. *skapjan*), *sibb* alts. *sibbia* (got. *sibja*), *lecʒan*, alts. *leggian* (got. *lagjan*). — c) Vor folgendem *r* und *l* werden im ags. wie in den übrigen westgerm. sprachen einfache *t*, *c*, *þ* verdoppelt. Doch kommen im ags. die einfachen consonanten daneben vor, z. b. *bitter* und *biter*, alts. *bittar* (got. *baitrs*), *wæccer* und *wacor*, ahd. *wackar* (got. *wakrs*), *æppel*, alts. *appul* (altn. *epli*). — d) Im ags. entstehen neue geminaten durch zusammenrücken früher getrennter consonanten nach vocalausfall, z. b. in sw. praet. wie *bétte* zu got. *bótida*: bei composition, z. b. *atollic*; oder durch assimilation, z. b. spätags. *wimman* aus *wífman*, *hræm*, *hræmmes* aus *hræmn*, *hræfn*.

Anm. 1. Nach langem vocal wird ags. *t* und *d* vor *r* erst in späteren quellen verdoppelt; also *hlútor* und *hlúttor*, *átor* und *áttor*, *ǽdre* und

œddre (vielleicht mit verkürzung des vocals als *hluttor, attor, œddre* an-
zusetzen).

Anm. 2. Vereinfachung der gemination tritt gewöhnlich ein im aus-
laut der wörter und silben, z. b. *bed, eal, ealre, ealne,* doch wird auch oft
bedd, eall, eallre, eallne geschrieben (über *cз* s. § 41 a. 6). Ferner häufig
nach consonanten in der composition, z. b. *wildéor* aus *wild-déor, eorlic*
aus *eorl-lic;* später auch oft nach unbetonter silbe, z. b. *atelic* statt *atollic,*
in den sw. v. auf *-ettan (bliccetan* statt *bliccettan),* g. pl. *ōðera* statt *ōðerra.*

B. Die einzelnen consonanten.

1. Sonore consonanten.

a) Die halbvocale.

§ 27. Germ. **w** ist im ags. anlautend regelmässig erhalten
z. b. *wĕr* (got. *wair*) mann, *wrĕcan* (got. *wrikan*) verfolgen,
wlítan (got. **wleitan*) sehen; *cwĕðan* (got. *qiþan*) sprechen, *hwá*
(got. *has*) wer, *þwéan* (got. *þwahan*) waschen. Auch inlautend
ist *w* meist erhalten. Ebenso steht *w* ganz gewöhnlich im
wort- und silbenauslaut nach langem vocal und diphthong, z. b.
spíwan speien, praet. *spáw; snáw,* g. *snáwes* schnee, *þéow,* g.
þéowes (got. *þius, þiwis*) knecht; daneben seltner formen wie
sná, þéo, ferner vgl. formen wie *léwan,* pt. *léwde* (got. *léwjan*)
verraten; *méowle* (got. *mawilō*) mädchen. Nach consonanten
wird es in kurzsilbigen wörtern zu *u, o* vocalisiert, *bealu, -o,*
g. *bealwes,* übel, *melu, -o,* g. *melwes* mehl), in langsilbigen
wörtern schwindet es dagegen: *mǽd,* g. *mǽdwe* wiese.

Anm. 1. In den hss. wird zur bezeichnung des *w* regelmässig die
rune *wyn* gebraucht. Nur in den verbindungen *cw, hw* etc. findet sich
öfter *u* für *w* geschrieben.

Anm. 2. Anlautendes *w* schwindet oft im zweiten teil von compositis,
vgl. *hláford* aus **hláf-weard.*

Anm. 3. Inlautend nach consonanten ist *w* westgerm. meist ge-
schwunden, z. b. ags. alts. *sinзan* (got. *siggwan), ühte* (got. *ühtwō*). Nur
nach *l, r* ist *w* festgeblieben, doch ist vor altem *i* das *w* auch hier ge-
schwunden, z. b. *зyrwan,* pt. *зyrede* (alts. *gerwida*).

Anm. 4. Geminiertes *w* ergab westgerm. mit einem vorhergehenden
kurzen *a, e, i* die diphthonge *au, eu, iu,* welche im ags. wie die alten
diphthonge zu *éa, éo* wurden, s. § 18 a. 1, § 19 a. 1.

Anm. 5. Einwirkung des *w* auf den folgenden vocal findet sich
hauptsächlich in den gruppen *wio, weo,* s. § 10 a. 3. Weitergehend sind
die einflüsse im north., wo z. b. *we* oft zu *wœ* wird (*wœnda* == wests.
wendan etc.).

§ 28. Germ. j wird im ags. meist durch das zeichen *ʒ* ausgedrückt, welches auch die gutturale stimmhafte spirans (§ 42) bezeichnet. Die schreibung durch *i* ist im anlaut selten (in fremdwörtern und bisweilen vor *u*), im inlaut ist sie häufiger. — Das germ. *j* ist nur im anlaut regelmässig erhalten, z. b. *ʒeonʒ, ʒiunʒ, iunʒ* (got. *juggs*), *ʒéar* (got. *jêr*), *ʒé* pron. (got. *jus*); im inlaut steht es bisweilen zwischen vocalen, z. b. n. pl. *friʒe* (zu *fréo* frei); ferner nach kurzem vocal + *r*, welches nach § 25b nicht geminiert wird, z. b. *nerian* (got. *nasjan*), auch *nerʒan, neriʒ(e)an* geschrieben; zu *here* (§ 47 a. 1) n. pl. *herʒas, heriʒ(e)as*. Im übrigen ist nach consonanten inlautendes *j* im ags. stets geschwunden, z. b. *settan* (alts. *settian*, got. *satjan*), *willa* (alts. *willio*, got. *wilja*).

Anm. 1. Wie die kurzsilbigen verba auf *r* haben auch die neubildungen *fremian, þenian* etc. (§ 100a. 1) das *j*. Dagegen ist das *i* der sw. verba II (§ 103) wie *macian* etc. nicht *j*, sondern der vocal *i*.

Anm. 2. Das anlautende *j* wandelt (wie die palatalen geräuschlaute § 40 ff.) ein folgendes germ. *a, æ, ē, o, u* zu den diphthongen *ea* (§ 9, 2 b), *éa* (§ 12 a. 2), *ie* (§ 10, 2 d), *eo* (§ 11 a. 3).

b) Die liquidae und nasale.

§ 29. Germ. r ist im ags. erhalten, z. b. *rǽdan* (alts. *râdan*) raten, *steorra* (got. *stairrô*) stern, *wyrcean* (got. *waúrkjan*) arbeiten. Die zahl der inlautenden *r* ist im westgerm. sehr vermehrt durch *r* < germ. *s* (ags. *mára*, got. *maiza*, s. § 24).

Anm. 1. Vorvocalisches *r* tritt gern hinter den vocal, wenn diesem sprünglich *s*-verbindungen oder *nn* folgten, z. b. *hors* (ahd. *hros*, -*sses*) ross, *þèrscan* (ahd. *drëskan*) dreschen, *byrnan* (ahd. *brinnan*) brennen, *yrnan* (ahd. *rinnan*) laufen; bei einfachem *s* in *ʒærs* gras.

§ 30. Germ. l ist unverändert erhalten, z. b. *lǽran* (got. *laisjan*), *willa* (got. *wilja*), *hál* (got. *hails*).

§ 31. Die germ. nasale **m** und **n**, letzteres vor *c* und *ʒ* den gutturalen (d. h. sowol den velaren als den palatalen) nasal (*ŋ*) bezeichnend, sind im ags. im wesentlichen unverändert geblieben, z. b. *man, ʒuma, niman, swimman, findan, spinnan, brinʒan* (got. *briggan*), *þyncean* (got. *þugkjan*). — Nur vor den germ. stimmlosen spiranten *f, þ, s* sind die nasale geschwunden, unter dehnung des vorhergehenden vocals, wobei *a* zu *ó* wird (s. § 9 a. 3); z. b. *fíf* (got. *fimf*), *sófte* adv. (ahd. *samfto*) sanft, *ʒós* gans, *ús* uns, *ést* (got. *ansts*) gunst, *óðer* (got. *anþar*), *síð* (got. *sinþs*) weg.

2*

Anm. 1. Vor der gutturalen spirans *h* ist *n* (bez. *v*) schon im germ. geschwunden, z. b. *fón* (got. *fáhan*), *þúhte* (got. *þúhta*), praet. zu *þyncean.*

Anm. 2. Der nasal ist nicht ausgefallen, wo er erst durch vocalsynkope vor spiranten gekommen ist, z. b. *winster* (ahd. *winistar*), verba auf ahd. -*isôn*, wie *grimsian*; ferner in der 2. sg. *canst, manst* (§ 105, 5. 9).

Anm. 3. In nebensilben werden die durch ausfall des nasals vor spiranten entstandenen langen vocale nach § 20 wieder verkürzt, z. b. *geoguð, -oð* jugend, *duguð, -oð* tugend.

Anm. 4. Auslautendes *m* der flexion wird spätags. zu *n*, z. b. d. pl. *dagon < dagum*. — Im north. schwindet auslautendes flexivisches *n*, z. b. infin. *fara < faran.*

Anm. 5. Silbenschliessendes *mn* wird spätags. oft zu *mm, m*, z. b. *em < emn, efn* eben; *hræm* (g. *hræmmes*) *< hræmn < hræfn* rabe.

2. Geräuschlaute.

a) Labiale.

§ 32. Germ. p ist ags. unverändert, z. b. *pæð* pfad, *hēlpan, wæpen* (got. *wēpn*) waffe, *æppel* apfel. Im anlaut steht *p* meist in fremdwörtern, z. b. *pund* pfund, *píl* pfeil.

§ 33. Westgerm. b (vgl. § 23c) ist im ags. unverändert, z. b. *bringan, lamb, lomb* lamm, *habban* (alts. *hebbian*) haben, *webb* gewebe (alts. *-webbi*).

§ 34. Die germ. stimmhafte spirans *ƀ*, soweit sie nach § 24c westgerm. geblieben ist (also inlautend und auslautend nach vocal), ist auch im ags. geblieben. Doch wird sie regelmässig durch das zeichen *f* ausgedrückt, ist also von germ. *f* (§ 35) in der schreibung nicht geschieden. Z. b. *gifan, geaf* (got. *giban, gaf*), *sealfian* (got. *salbôn*), *ofer* über. In lehnwörtern = lat. *v* oder *b*, z. b. *bréfian* kürzen *< breviare, féfor* fieber.

Anm. 1. Nur in den ältesten quellen wird *b* für diese *f* geschrieben, z. b. *obær, earbed* (Epinal. gl.). Erst spätags. kommt dafür die schreibung *u* (*v*) auf (z. b. *yuel, sëlua = yfel, sëlfa*), welche früher nur dem latein entsprechend (*Dáuid, Léui*) öfter angewant wurde.

Anm. 2. Da westgerm. *ƀ* in der gemination zu *bb* wurde (§ 24c), so haben wir *wēfan* (weben) neben *webb* (gewebe), zu *hebban* (heben), praet. *hóf, hófon* (§ 95).

Anm. 3. *fn* geht, besonders spätags., oft in *mn* über (vgl. § 31a. 5); z. b. *stëfn* (gat. *stibna*) *> stëmn, ëfne* (got. *ibns*) *> ëmn.*

§ 35. Die germ. stimmlose spirans f ist im ags. geblieben. Inlautend zwischen vocalen wurde sie stimmhaft und fiel mit germ. *ƀ* zusammen, doch tritt dies im ags. in der

schreibung nicht hervor, da in der regel für beide laute *f*
geschrieben wird. Z. b. *fœder* (got. *fadar*), *hæft* (got. *hafts*)
gefangen, *wulf* (got. *wulfs*), *fíf* (got. *fimf*), *þurfan* (ahd. *durfan*)
bedürfen.

b) Dentale.

§ 36. Germ. t ist ags. unverändert, z. b. *tréow* (got. *triu*)
baum, *ëtan* (got. *itan*), *heorte* (got. *hairtô*), *sceatt* (got. *skatts*)
geld.

Anm. 1. Altwests. geht *t* nach *s* vielfach in *ð* über, *z*. b. *mðsð* meist
< *mðst*, 2. sg. *hilpesð* < *hilpest*.

Anm. 2. Die lautgruppe *tʒ* in *ort-ʒeard* (got. *aúrti-gards* wurzgarten,
garten) geht über in *c* (d. i. *tsch*): *orceard*, auch *orcʒeard*, *ordceard*, *orcerd*
geschrieben.

§ 37. Westgerm. d (nach § 24 b = urgerm. *ð*, got. *d*) ist
im ags. unverändert, z. b. *dæʒ* (got. *dags*) tag, *drífan* (alts. *drí-
ðan*) treiben, *healdan* (got. *haldan*), *biddan* (alts. *biddian*, got.
bidjan).

Anm. 1. Vor und nach stimmlosen lauten wird *d* zu *t*, *z*. b. 2. sg.
praet. *bitst*, *lættst* zu *biddan*, *lædan*; *milts* (zu *milde*) mitleid; das -*de* der
sw. praet. I., z. b. *scencte*, *grétte*. Nach cons. + *d*, *t* geht das *d* des sw.
praet. verloren, z. b. *sende* (< *send-de*), *þyrste* (< *þyrst-de*), vgl. § 101 a. 2.

Anm. 2. *d* ist geschwunden in *on-*, der unbetonten form des prae-
fixes *and-*, *ond-*, z. b. *onfón*, *onʒitan* etc.

Anm. 3. *d* in grammatischem wechsel mit *ð* s. § 25.

§ 38. Germ. *þ* ist im ags. im wesentlichen unverändert
geblieben, jedoch ist es vielleicht zwischen stimmhaften lauten
schon stimmhaft geworden, ohne dass dies durch die schreibung
sicher zu erkennen wäre. Der betr. laut wird im ags. be-
zeichnet durch *þ* oder *ð*: beide zeichen sind dort gleichbedeutend.
In diesem buche ist, dem vorwiegenden gebrauche vieler hss.
aus mittlerer und jüngerer zeit entsprechend, im anlaut stets
þ, im in- und auslaut *ð* angewant worden. Beispiele: *þinʒ*
ding, *þrí* drei, *þwéan* (got. *þwahan*) waschen, *weorðan* (got.
wairþan), *líðan* (got. *leiþan*) gehen, *oððe* (got. *aiþþau*) oder.

Anm. 1. In den ältesten quellen ist die schreibung *th* für germ. *þ*
regel (inlautend daneben *d*), im 9. jh. herscht die bezeichnung durch *ð* vor,
später wird *þ* neben *ð* allgemein üblich.

Anm. 2. *ð* in grammatischem wechsel mit *d* s. § 25.

Anm. 3. Im ags. (und alts.) ist germ. *lþ* zu *ld* geworden und mit
altem *ld* zusammengefallen: *ʒold*, *wilde* (got. *gulþ*, *wilþeis*) und *healdan*
(got. *haldan*). Ferner wird im ags. auch altes *þl* zu *dl* nach langem vocal,
z. b. *nædl* (got. *néþla*) nadel. In den ältesten quellen sind jedoch sowol

lð als *ðl* noch erhalten. — Spätags. geht auch *ðm* in *dm* über: *mádmas* (pl. zu *mð̄ðum* kleinod). **Anm. 4.** Wenn *þ* durch vocalausfall oder composition hinter *t, d, s* zu stehen kommt, so geht es in *t* über. Z. b. *éaðméttu* demut (aus *éaðmédþu*, d. i. *-mððiþa*), 3. sg. *bit* er beisst (auslautend statt *bitt < bitð < biteð*); 2. sg. *hilpestu* (< *hilpes-þu*). Doch erscheint oft auch statt *t* durch etymologische schreibung *ð* (*þ*). — Die gruppe *ðs* wird oft zu *ss* assimiliert, z. b. *bliss* (freude) neben *blïðs*.

§ 39. Germ. s ist im ags. unverändert geblieben, z. b. *sunu* sohn, *sprëcan* sprechen, *slǽpan* schlafen, *sceal* soll; *céosan* wählen, *fisc* fisch, *cyssan* küssen.

Anm. 1. *s* in grammatischem wechsel mit *r* s. § 25.

Anm. 2. Für *cs* und *hs* wird gewöhnlich *x* geschrieben, z. b. *rixian* herschen, neben *ricsian* (ahd. *richisðn*), *feax* haar (got. *fahs*). Dagegen wird statt *ts* nur selten *z* geschrieben, also *betsta* (*bezta*) der beste.

Anm. 3. Die gruppen *sc* und *sp* erfahren oft metathese zu *cs* (*x*) und *ps*, z. b. *âscian* fragen (ahd. *eiskðn*) und *âxian, âcsian*; *cosp* und *cops* (alts. *cosp*) fessel.

c) Gutturale (velare und palatale).

§ 40. Die germanischen (indifferenten oder velaren) gutturale *k, χ, γ* (§ 23) sind im ags. im allgemeinen durch die zeichen *c, h, ʒ* vertreten, zerlegen sich aber in der aussprache deutlich in eine velare und eine palatale gruppe. Namentlich sind im ags. *c, ʒ* (aber auch *h*) in gewissen stellungen palatal geworden, was sich sowol durch lautliche erscheinungen innerhalb des ags. als auch durch die spätere entwicklung (namentlich von palatalem *c* zu *tš* und von palatalem *ʒ* zu *dš* oder *i*) ergibt. In der schreibung werden die palatalen *c, ʒ* (*h*) von den velaren nur zum teil geschieden (anm. 2). — Ueber einwirkungen von gutturalen (velaren und palatalen) auf benachbarte vocale s. § 6.

Anm. 1. Palatal sind anlautende *c, ʒ* geworden vor den primären palatalvocalen *æ, ǽ* (germ. *ǽ* § 12), *e, eo, éa, éo, i, í* und deren *i*-umlauten; sie bleiben velar vor consonanten und vor den velaren vocalen *a, â, o, ô, u, ú* und deren *i*-umlauten (*e, œ, é, y, ý*). Anlautendes *sc* zeigt auch vor velarem vocal neigung zur palatalisierung.

Anm. 2. Inlautende *c, ʒ* (nebst geminationen *cc, cʒ*) sind palatal vor altem *i, j*. Vor *a, o* wird nach diesen lauten dann oft *e* (*i*), vor *u* bisweilen *i* (*ē*) eingeschoben, zum zeichen der palatalen aussprache, z. b. *sécean* und *sécan* (got. *sôkjan*), *menizeo* (*menizio*) und *menizo* (got. *managei*), *licʒean* und *licʒan* (alts. *liggian*); *écium* (*éceum*) neben *écum*, d. zu *éce* ewig. — Aber auch sonst scheinen nachlautende *c, ʒ* im ags. vielfach palatal gewesen zu sein, besonders in der stellung nach palatalen vocalen, z. b. *ic* ich, *dæჳ — dæჳes.*

§ 41. Dem germ. **k** entspricht im ags. das zeichen *c,* das vor allen vocalen gesetzt wird; nur für *cs* wird meist *x* geschrieben (§ 39 anm. 2. 3), z. b. *cúð* (got. *kunþs*), *cynn* (got. *kuni*) geschlecht, *cild* kind, *céosan* (got. *kiusan*), *cnéow* (got. *kniu*), *cwëðan* (got. *qiþan*), *sacu* (alts. *saka*) streit, *æcer* (got. *akrs*) acker, *þecc(e)an* (alts. *thekkian*) decken.

Anm. 1. Bisweilen wird auch *k* statt *c* geschrieben. Für *cw* wird in älteren quellen oft *cu,* aber nur selten *qu* geschrieben.

Anm. 2. Vor den endungen der 2. 3. sg. ind. ps. geht spätws. oft *c* in *h* über, z. b. *tæhst, tæhð* statt *tæcst, tæcð.*

§ 42. **g** (germ. *γ,* got. *g*), alts. *g* ist im ags. im allgemeinen stimmhafte (velare oder palatale) spirans geblieben (§ 24 d). Bezeichnet wird es mit dem zeichen *ჳ,* welches auch für den halbvocal *j* angewant wird (vgl. § 28). Nur in der verbindung *nჳ* scheint *ჳ* einen stimmhaften verschlusslaut zu bezeichnen; ebenso ist die gemination von *ჳ,* welche *cჳ* geschrieben wird, als verschlusslaut aufzufassen. Z. b. *ჳást* geist, *ჳuma* (got. *guma*), *ჳifan* (got. *giban*), *ჳéotan* (got. *giutan*), *ჳrafan* (got. *graban*); *dæჳ, rëჳn* regen, *beorჳan* bergen; *brinჳan* (got. *briggan*), *cyninჳ; licჳ(e)an* (alts. *liggian*) liegen, *hrycჳ* (alts. *hruggi*) rücken.

Anm. 1. *ჳ* in grammatischem wechsel mit *h* s. § 25.

Anm. 2. *iჳe* (aus *iჳi*) wird öfter zu *í* contrahiert, z. b. *íl* igel, *líð* (aus *liჳeð*) er liegt; auch sonst schwindet oft *ჳ* nach *i,* besonders in ableitungssilben, z. b. *hunჳrie* für *hunჳriჳe, menio* für *meniჳo* und später auch auslautend, z. b. *æni* für *æniჳ.* Für *rჳ, lჳ* erscheint nach *y, i, e* oft *riჳ, liჳ,* z. b. *merჳen* und *meriჳen* morgen, *fylჳan* und *fyliჳan* folgen; sodann (mit verlust des *ჳ* nach *i*) *merien, fylian.*

Anm. 3. Nach palatalen vocalen schwindet im wests. *ჳ* häufig vor *d* (*ð*), *n* unter dehnung des vocals, z. b. *brëჳdan* und *brédan* schwingen, *sæჳde* und *sæde* sagte, *þëჳnian* und *þénian* dienen, *friჳnan* und *frínan* erfahren, *onჳéan* (neben dial. *onჳeჳn*) entgegen. — Nach *r* fällt *ჳ* oft aus in den flectierten formen von *morჳen* (g. sg. *mornes,* g. pl. *morna*).

Anm. 4. *ჳ* wird in der späteren sprache meist zu *h* vor stimmlosen consonanten, sowie im wortauslaut nach *r, l* und langen velaren vocalen; z. b. *stíhð* für *stíჳð* steigt; *burh* burg, *bealh* (praet. zu *bëlჳan* zürnen), *stáh* (praet. zu *stíჳan*), *ჳenóh* genug. — Nach kurzen vocalen und langen palatalvocalen, sowie vor stimmhaften consonanten erscheint *h* statt *ჳ* nur selten, z. b. *dჳlǽca* (und *dhlǽca*) unhold, oder *stíh* statt *stíჳ.* — Für dieses *h* wird bisweilen *ჳh* geschrieben (*burჳh, stáჳh* etc.).

Anm. 5. In der verbindung *nᵹ* erscheint auslautend und vor stimmlosen consonanten öfter *c* und *cᵹ* für *ᵹ*, z. b. *cyninc* (*cynincᵹ*), *sprincð* (3. sg. zu *sprinᵹan*).

Anm. 6. Die gemination *cᵹ*, die meist = got. *gj* und dann palatal ist, wird im auslaut nicht vereinfacht (§ 26a. 2), also stets *hrycᵹ*. Sehr selten steht *ᵹᵹ* statt *cᵹ*: häufiger nur da, wo die gemination alt (nicht durch *j* entstanden) ist, z. b. *froᵹᵹa* frosch, *doᵹᵹa* hund; hier ist die aussprache velar.

§ 43. a) h (germ. stimmlose spirans χ, got. *h*) ist ags. im **anlaut** regelmässig erhalten, z. b. *here* (got. *harjis*), *hláf* (got. *hlaifs*), *hrinᵹ, hniᵹan, hwít.* — b) **Inlautendes** *h* schwindet stets vor vocalen, welche dabei mit dem vor dem *h* stehenden vocale contrahiert werden (s. § 8), z. b. *téon* (got. *tiuhan*), *sléan* (got. *slahan*), *þéon* (alts. *thíhan*). Geht dem *h* ein consonant (*l, r*) voraus, so wird der diesem vorausgehende vocal in der regel gedehnt, z. b. *feorh*, gen. *féores* (alts. *fërah*), *féolan* (got. *filhan*). — c) Inlautendes *h* erhält sich in der gemination und vor stimmlosen consonanten, schwindet dagegen vor stimmhaften consonanten; z. b. *hlyhhan* (got. *hlahjan*) lachen, *teoh*, gen. *teohhe* (mhd. *zëche*) reihenfolge; *eahta* 8 (got. *ahtau*), *weaxan* (für *weahsan* nach § 39 anm. 2), *hyhsta* der höchste (got. *hauhista*), *féhð* (got. *fáhiþ*) 3. sg. zu *fón* (got. *fāhan*) fangen; aber *fléam* flucht (zu *fléon*, alts. *fliohan*), *léne* (alts. *léhni*) vergänglich; auch in compositis, z. b. *héalic* (aus *héah-lic*) hoch. — d) **Auslautendes** *h* bleibt regelmässig, z. b. *feorh* leben (got. *féores*), *héah* hoch, *téoh* (imperat. zu *téon* ziehen).

Anm. 1. *h* in grammatischem wechsel mit *ᵹ* s. § 25.

Anm. 2. Das westgerm. aus früherem *hw* entstandene *h* (vgl. § 27 a. 3) wird ganz wie einfaches *h* behandelt, z. b. *séon* (alts. *sëhan*, got. *saihran*), praet. *seah* (alts. *sah*, got. *sah*).

Anm. 3. Vor *s* + cons. ist *h* meist geschwunden, z. b. *néosian* (alts. *niusón*, vgl. got. *niuhsjan*) besuchen, *wæsma* (ahd. *wahsmo*) wachstum.

Anm. 4. In den ältesten quellen ist inlautendes *h* noch öfter erhalten (*thóhæ, wlóhum* Epin. = *þó, wló(u)m*); ebendaselbst wird statt *ht* oft *ct* oder *cht* geschrieben (*dryctin, sóchtæ*).

Anm. 5. Für auslautendes *h* wird in den ältesten quellen öfter *ch* geschrieben (*tóch, thorch* Epin.); später findet sich *ᵹ* statt *h*, z. b. *feorᵹ*, *ðurᵹ* (vgl. § 42 a. 4).

III. Flexionslehre.

I. Abschnitt. Declination.

Cap. I. Declination der substantiva.

A. Starke (vocalische) declination.

1. Die *a*-declination.

§ 44. Die *a*-declination enthält nur masculina und neutra. Man unterscheidet reine *a*-stämme, *ja*-stämme und *wa*-stämme.

a) Reine *a*-stämme.

§ 45. Masculina. Paradigmen: *dóm* urteil, gericht, *dæʒ* tag (vgl. § 9,1), *finʒer* finger (vgl. § 21).

				alts.
Sg. NA.	dóm	dæʒ	finʒer	dag
G.	dómes	dæʒes	finʒres	dages, -as
D.	dóme	dæʒe	finʒre	dage, -a
I.	dóme	dæʒe	finʒre	dagu, (-o)
Pl. NA.	dómas	daʒas	finʒras	dagos, (-as)
G.	dóma	daʒa	finʒra	dago
D.	dómum	daʒum	finʒrum	dagun, -on

So gehen die meisten masculina, da im ags. auch aus anderen declinationsklassen viele wörter hierher übergetreten sind, besonders die langsilbigen *i*- und *u*-stämme. Weitere beispiele: *wulf* wolf, *múð* mund, *weal* (auch *weall*), g. *wealles* wall (§ 26 a. 2), *pæð* (pl. *paðas*) pfad, *eoh* (g. *éos* § 43b) pferd, *seolh* (g. *séoles* § 43b) seehund, *enʒel* (g. *enʒles*), *cyninʒ* könig, *heofon* (g. *heofones*) himmel.

Anm. 1. In den ältesten quellen geht der g. sg. auf -æs, d. sg. auf -æ, i. sg. auf -i aus (also *dómæs, dómæ, dómi*). Die form des g. auf -æs (-as) ist auch später north. noch häufig. — Der g. pl. wird im north. und auch in späten ws. texten öfter nach art der *n*-declination gebildet: *daʒana, -ona*. — Das -um des d. pl. dieser und aller folgenden substantiv-declinationen geht später in -un, -on, -an über (vgl. § 68 a. 1).

§ 46. Neutra. Paradigmen: *word* wort, *fœt* fass (vgl. § 9, 1), *héafod* haupt (vgl. § 21).

			alts.	
Sg.NA. word	fæt	héafod	word	fat
G. wordes	fætes	béafdles	wordes, -as	
D. worde	fæte	héafde	worde, -a	
I. worde	fæte	héafde	wordu, -o	
Pl.NA. word	fatu, -o	héaf(o)du	word	fatu
G. worda	fata	héafda	wordo	fato
D. wordum	fatum	héafdum	wordun	fatun, -on

Weitere beispiele: a) **langsilbige** (wie *word*): *bcarn* kind, *wíf* weib, *feorh* (g. *féorcs* § 43 b) leben; — b) **kurzsilbige** (wie *fœt*): *hof* (pl. *hofu*) hof, *dœl* (pl. *dalu*) tal, *ȝeat* (aus *ȝœt* § 9, 2b) tor, pl. *ȝatu* (seltner *ȝeatu*), *ȝœrs* (aus *ȝræs* § 29 a. 1) gras, pl. *ȝrasu*, *ȝesët* wohnsitz, pl. *ȝesëtu* (und dial. *ȝeseotu* § 10 a. 5), *clif* klippe (pl. *clifu* und *cliofu*, *clcofu* § 10 a. 5); — c) **mehrsilbige**: *tunȝol* (g. *tunȝles*) stern, *tácen* (g. *tácnes*) zeichen, *lëȝer* (g. *lëȝcres* § 21 a. 4) lager; *wërod* (g. *wërodes*) schar.

Anm. 1. Die in § 45 a. 1 bemerkten nebenformen gelten auch für die neutra. — Die endung des n. a. pl. auf -*u* (jünger -*o*, spät auch -*a*) kommt den kurzsilbigen neutris zu (§ 20 a. 2); bei den mehrsilbigen ist das -*u* schwankend; doch lässt sich sagen, dass wörter mit altem mittelvocal (§ 20 b) den plural gewöhnlich ohne -*u* bilden bei kurzer stammsilbe (z. b. pl. *wërod*), dagegen mit -*u* bei langer stammsilbe, und zwar meist ohne synkope des mittelvocals (also *héafodu*, erst später *héafdu*). Die wörter mit neuem mittelvocal dagegen (§ 20 c) schwanken: n. a. pl. *tunȝol* und *tunȝlu*, *tácen* und *tácnu*.

Anm. 2. Einen plural mit *r* (vgl. ahd. -*ir*: *lamb*, pl. *lembir*) bilden im ags. regelmässig nur wenige wörter. So sg. n. a. *lǫmb*, *lamb* (lamm), g. *lǫmbes*, d. *lǫmbe*, pl. n. a. *lǫmbru*, g. *lǫmbra*, d. *lǫmbrum*; ferner *cealf* (kalb), pl. *cealfru*, und *æȝ* (ei), pl. *æȝru*; *cild* (kind), pl. *cild* und (selten) *cildru*. Neben *lǫmb* kommt dial. auch ein sg. *lǫmbor* vor.

Viele früher hierher gehörige wörter haben das *r* auch im sg. durchgeführt und flectieren demnach wie gewöhnliche neutra, z. b. *hrïðer*, *hrÿðer* (rind), pl. *hrÿðeru*, *wildor* (wild), pl. *wildru*, *dóȝor* (tag), pl. *dóȝor*, *salor* (saal) mit danebenstehendem *sæl* (pl. *salu*). Zum teil haben sie endungslosen d. sg., wie *dóȝor* neben *dóȝ(o)re*.

b) *ja*-stämme.

§ 47. Paradigmen der **masculina**: *secȝ* (vgl. § 40 a. 2) mann, *ende* ende; der **neutra**: *cyn(n)* geschlecht, *ríce* (vgl. § 40 a. 2) reich.

	masc.		neutr.		alts.
Sg. NA.	secʒ	ende	cyn(n)	rice	endi	kunni
G.	secʒes	endes	cynnes	rices	endies	kunnies
D.	secʒe	ende	cynne	rice	endie	kunnie
I.	secʒe	ende	cynne	rice	endiu	kunniu
Pl. NA.	secʒ(e)as	endas	cyn(n)'	ric(i)u	endios	kunni
G.	secʒ(e)a	enda	cynna'	ric(e)a	endio	kunnio
D.	secʒ(i)um	endum	cynnum	ric(i)um	endinn	kunniun

Wie *secʒ* und *cyn(n)* (§ 26 a. 2) gehen die ursprünglich kurzsilbigen, deren gemination erst westgerm. durch *j* entstanden ist (§ 26 b), z. b. masc. *hrycʒ* (alts. *hruggi*) rücken, *dyn(n)* lärm; — neutr. *wed* (alts. *weddi*) pfand, *bed* (alts. *bed*, g. *beddies*) bett, *net* (alts. *net*) netz.

Wie *ende* und *rice* gehen die langsilbigen, z. b. masc. *hyrde* (alts. *hirdi*) hirt, *læce* arzt, *méce* (§ 12 a. 4) schwert, und nomm. agentis auf -*ere* (alts. -*ari*), z. b. *fiscere* fischer, *bócere* schriftgelehrter; — neutr. *wíte* (alts. *wíti*) strafe, pl. *wítu, gewǽde* kleid, *gemyrce* grenze; ableitungen auf -*enn*-, -*ett*- (mit vereinfachung des *nn*, *tt* im n. a. sg.): *wésten* wüste (g. *wéstennes* und später *wéstenes* § 26 a. 2, n. a. pl. *wéstennu* und *wéstenu*), *fæsten* fasten, *réwet* rudern (g. *réwettes*).

Anm. 1. Das masc. *here* heer (alts. *heri*, got. *harjis*), welches nach § 28 das *j* behält, flectiert g. sg. *herges, herizes*, d. i. sg. *herze, herize*, n. a. pl. *hergas, herizas, herizeas* etc.

Anm. 2. Die neutra *hieʒ, híʒ* (hen) und *glíʒ* (freude) haben das *j* (zwischen vocalen § 2S) beibehalten, g. sg. *híges, glíges* etc.

c) *wa*-stämme.

§ 48. Für die *wa*-stämme, die im ganzen nach § 45. 46 gehen, kommen nur die gesetze des auslautenden *w* (§ 27) in betracht. Paradigmen: masc. *snáw* (sehr selten *sná*) schnee (alts. *snéu, snéwes*); neutra *tréow* (seltener *tréo*) baum (alts. *treo*), *bealu* übel (alts. *balu, baluwes*).

Sg. NA.	snáw	tréow	bealu, -o
G.	snáwes	treowes, tréowes	bealwes
D.	snáwe	treowe, tréowe (tréo)	bealwe
I.	snáwe	treowe, tréowe	bealwe
Pl. NA.	snáwas	treowu, tréow(u) (tréo)	bealu, -o
G.	snáwa	treowa, tréowa	bealwa
D.	snáwum	treowum, tréowum	bealwum

Weitere beispiele dieser nicht zahlreichen klasse: a) nach *snáw*: masc. *hláw, hlǽw* grabhügel, *þéaw* sitte, neutr. *oncléow*

knöchel; — b) nach *tréow*: masc. *þéow* (seltener *þéo*) knecht
(n. a. pl. *þ̆ŏwas*), neutr. *cnéow* (seltener *cnéo*) knie; — c) nach
bealu: neutra *searu* rüstung, *me(o)lu* mehl, *teoru* teer; masc.
bearu wald (n. a. pl. *bearwas*).

Anm. 1. Zwischen *r*, *l* und *w* erscheint oft ein secundärvocal *u*, *o*
oder *e* (letzteres besonders vor *a*, *u* der endung), z. b. *bealuwes*, *bealowe*,
bealewa, *bealewum*.

Anm. 2. Bei den nach *bealu* gehenden dringt das *w* auch in den n.
a. (*bealuw*, *searuw*); der d. pl. lautet älter auch *bealum*, der n. a. pl. der
neutra später auch *bealwu*, *-wa*.

2. Die ő-declination.

§ 49. Diese klasse enthält nur feminina. Neben den
reinen *ő*-stämmen gibt es *jő*- und *wő*-stämme.

a) Reine *ő*-stämme.

§ 50. Die hierhergehörigen wörter sind nach dem n. sg.
in kurzsilbige und langsilbige zu scheiden, da das *-u* der en-
dung nach langer silbe schwand (§ 20 a. 2). Paradigmen: *ӡifu*
(alts. *gĕ̈ba*) gabe, *ár* (alts. *éra*) ehre.

				alts.		
Sg. N.	ӡifu, -o	ár		gĕba,	ĕra, (-e)	
G.	ӡife	áre		gĕba		
D.	ӡife	áre		gĕbu,	(-o, -a)	
A.	ӡife	áre		gĕba,	(-e)	
Pl. NA.	ӡifa, -e	ára, -e		gĕba		
G.	ӡifa, (-ena)	ára, (árena)		gĕbono		
D.	ӡifum	árum		gĕbun,	-on	

Beispiele: a) Wie *ӡifu* gehen kurzsilbige: *sacu* verfolgung
(g. sg. *sace* und *sœce* (§ 9, 1 b), *cwalu* tod, *þĕӡu* empfang, *scolu*
schar, *lufu* liebe etc. — b) Wie *ár* geht die grosse anzahl
der langsilbigen, z. b. *ród* kreuz, *mearc* mark, *sorӡ* (und *sorh*
§ 42 a. 4) sorge, *heal*, *heall* (§ 26 a. 2) halle, *nǽdl* nadel, wörter
mit neuem mittelvocal (§ 21 c), *frófor* (g. *frófre*) trost, *wócor*
(g. *wócre*) wucher. — c) Die ursprünglich dreisilbigen bilden
regelmässig den n. sg. wie *ár* ohne *-u*, z. b. *firen*, g. *firene* (alts.
firina) sünde, *sáwol* (got. *saiwala*) seele, g. *sáwle* nach § 21 b;
nur die abstracta auf got. *-iþa* haben gewöhnlich den n. sg.
auf *-u*, *-o*, woneben aber (bes. später) auch die gekürzte form
steht, z. b. *strenӡ̆u* und *strenӡ̆* (ahd. *strengida*) kraft, *eaðméttu*
(§ 38 a. 4) demut.

Anm. 1. In den ältesten quellen gilt -æ statt -e als endung des g. d. a. sg. und n. a. pl.; im n. a. pl. ist im wests. a die gewöhnliche endung. Bei den abstracten auf -ung ist die endung -a statt -e auch in g. d. sg. häufig. Ein dat.-instr. auf -i, der in den ältesten quellen bisweilen begegnet (ródi) ist aus der a-decl. entlehnt. — Die aus der schwachen declination (§ 59 f.) entlehnte endung des g. pl. auf -ena fehlt dem altws. noch und ist auch später nur in beschränktem umfange, besonders bei einigen kurzsilbigen, durchgedrungen.

Anm. 2. Die form des n. sg. auf -u (-o) wird in jüngeren texten bisweilen auf die übrigen singularcasus übertragen, so dass also z. b. lufu auch als g. d. a. sg. steht. Besonders häufig ist dies bei den abstracten auf -ðu, -ðo, bei denen sowol die längere form (strenȝðu, -ðo), als auch die kürzere (strenȝð) in die übrigen casus des sg. dringt, wozu wol die abstracta auf -u (§ 51) veranlassung gaben.

§ 51. Die feminina abstracta auf -i, welche ursprünglich der schwachen declination angehörten (got. managei), sind im ags. in diese klasse übergetreten. Der frühere ausgang auf i (alts. sg. n. g. d. a. huldi, pl. n. a. huldi, g. huldio, d. huldiun) zeigt sich ags. noch durch steten umlaut der wurzelsilbe (z. b. yldu alter, hyldu huld, hǽlu heil, strenȝu kraft), sowie in der palatalisierung vorausgehender gutturale (z. b. meniȝeo menge, § 40 a. 2). Die flexion dieser wörter ist meist im ganzen sg. unverändert: n. g. d. a. hyldu, -o, daneben g. d. a. hylde. Im pl. n. a. hyldu, -o und hylde, -a, g. hylda, d. hyldum.

b) jó-stämme und wó-stämme.

§ 52. Die jó-stämme flectieren ganz wie dr (§ 50); nur haben sie, wo es möglich, umgelauteten wurzelvocal; der schwache g. pl. auf -ena kommt bei ihnen gar nicht vor. Die ursprünglich kurzsilbigen haben gemination des consonanten durch j, die auslautend meist vereinfacht wird (§ 26 a. 2). Beispiele: a) ursprünglich langsilbige: hild kampf (alts. hildia), ýð woge (alts. úðia), hýð beute; ableitungen mit -s wie milds, milts erbarmen; — b) ursprünglich kurzsilbige: sib, sibb friede (alts. sibbia), brycȝ brücke, hell hölle; ableitungen auf l, n, s, z. b. cǫndel leuchte, ȝyden göttin, hæȝtes hexe (g. sg. cǫndelle, ȝydenne, hæȝtesse).

Anm. 1. Ein -u in n. sg. zeigen e(o)wu schaf, þeowu dienerin (daneben n. sg. eowe, þeowe). Ferner haben bisweilen später die movierten feminina u-formen (z. b. ȝydenu göttin) und in älterer sprache stets die langsilbigen ableitungen auf t (z. b. ylfetu schwan, hyrnetu hornisse).

Anm. 2. *teʒ, tʒ (éʒ)* insel), g. *tʒe,* und *ctʒ* schlüssel, g. *ctʒe* haben das *j* erhalten.

§ 53. Die *wô*-stämme weichen ebenfalls nur wenig von den reinen *ô*-stämmen ab. Ganz wie *ár* gehen die wörter mit vocal oder diphthong vor dem *w*, z. b. *hréow* reue, *tréow* treue. Von den wörtern mit consonant vor dem *w* haben die kurzsilbigen im n. sg. *-u, -o*, die langsilbigen sind ohne endung. Z. b. n. sg. *beadu, -o* (kampf), g. sg. *beadwe* etc.; *mǽd* (wiese), g. sg. *mǽdwe, mǽde* etc.

Anm. 2. Von den consonantischen *wô*-stämmen haben die langsilbigen häufig formen ohne *w* in den casus obl. (*mǽde* etc.), bei kurzsilbigen zeigt sich dies nur an einzelnen wörtern, z. b. *sceadu* schatten, g. *sceade* und *sceadwe.* Vocalische *wô*-stämme mit verlust des *w* und contraction sind *þréa* drohung, *cléa, cléo* klaue (daneben neugebildet *clawu* wie *ʒifu* § 50).

Anm. 2. Secundärvocale (§ 48 a. 1) erscheinen auch bei kurzsilbigen femininis bisweilen zwischen consonant und *w: beadowe* neben *beadwe* etc.

3. Die *i*-declination.

§ 54. Die *i*-declination enthält masculina, feminina und eine kleine anzahl neutra. Zu unterscheiden sind langsilbige und kurzsilbige, da (nach § 20 a. 2) das *i* im n. a. sg. nach langer stammsilbe geschwunden, nach kurzer aber (als ags. *-e*) erhalten ist. Die flexion der *i*-stämme ist im ags. schon grösstenteils mit der der *a-, ô*-stämme zusammengefallen.

a) Langsilbige.

§ 55. 1) Die langsilbigen masculina sind völlig in die *a*-declination übergetreten und flectieren ganz wie *dóm* (§ 45). Sie sind nur noch an dem umlaut der stammsilbe zu erkennen. Z. b. *wyrm*, n. a. pl. *wyrmas* wurm (alts. *wurm*, pl. *wurmi*), *ʒiest, ʒist* gast, *wǽʒ* woge, *fenʒ* griff, *wyrp* wurf.

Nur einige pluralia tantum haben die alten formen des n. a. pl. erhalten: *ylde* menschen, *ylfe* elfen, *léode* leute, und völkernamen wie *Enʒle, Seaxe, Norðanhymbre.* Diese gehen also:

	alts.
Pl. NA. léode	liudi
G. léoda (Seaxna)	liudio
D. léodum	liudiun

2) Die langsilbigen feminina unterscheiden sich von den langsilbigen *ô*-stämmen (*ár* § 49) nur noch durch den endungslosen a. sg. Paradigma *dǽd* tat.

	alts.			alts.
Sg. NA. dǽd	dåd	Pl. NA. dǽde, -a	dådi
G. dǽde	dådi	G. dǽda	dådio, -eo
D. dǽde	dådi	D. dǽdnm	dådiun, -ion

Weitere beispiele: *cwén* frau (alts. *quân*), *hýd* haut, *ést* gunst (alts. *anst*), *ʒewyrht* tat, *ʒesceaft* geschöpf; *meaht, miht* macht.

Anm. 1. In den ältesten quellen findet sich noch der n. a. pl. auf -*i* (*mæcti* hymn. Cædmons).

Anm. 2. In den a. sg. dringt später die endung -*e* aus der *ó*-decl. mit welcher dann diese feminina völlig zusammenfallen.

b) Kurzsilbige.

§ 56. Die kurzsilbigen feminina sind ganz in die *ó*-declination übergetreten. Paradigma der masc.: *hyʒe* sinn, der neutra: *spëre* speer.

	masc.	nentr.		alts.
Sg. NA.	hyʒe	spëre		hugi
G.	hyʒea	spëres		huges, (ies)
DI.	hyʒe	spëre		hugi, (ie, -ea)
Pl. NA.	hyʒe, -as	spëru		hugi, (-ios)
G.	hyʒa	spëra		hugio, -eo
D.	hyʒum	spërum		hugiun, -ion, -eon

Weitere beispiele: a) masc. *wine* freund (alts. *wini*), *stede* ort, *hete* hass, *sleʒe* schlag, *cyme* ankunft, *scyte* schuss; abstracta auf -*scipe* (*fréondscipe* freundschaft etc.), völkernamen wie *Dene* Dänen und (ohne umlaut) die auf -*ware* (*Rómware, Cantware* etc.); — neutra (nur sehr wenige), z. b. *sife* sieb, *orleʒe* schicksal, *ʒedyre* türpfosten.

Anm. 1. Statt des -*e* im n. a. d. sg., n. a. pl. zeigen die ältesten quellen noch die endung -*i*. — Im n. a. pl. ist die endung der *a*-decl. -*as* schon häufiger als -*e*.

Anm. 2. Von *wine, Dene* lautet der g. pl. auch *winiʒ(e)a, Deniʒ(e)a* (neben *wina, Dena*).

4. Die u-declination.

§ 57. Die *u*-declination enthält im ags. nur masculina und feminina. Dieselben scheiden sich (nach § 20 a. 2) in langsilbige und kurzsilbige. Die anzahl der zugehörigen wörter ist nicht gross; viele früher hierhergehörige sind schon ganz in die *a*-decl. übergetreten. Paradigma der masculina: *sunu* sohn, *fëld* feld, der feminina: *duru* tür, *hǫnd* hand.

	masc.		fem.		alts.
Sg.NA.	sunu, -o; -a	fëld	duru	hond	sunu, -o
G.	suna	fëlda; -es	dura	honda	sunies, -eas
DI.	suna; -u, -o	fëlda; -e	dura; -u	honda	sunu, -o; -ie
Pl.NA.	suna; -u, -o	fëlda; -as	dura; -u	honda	suni
G.	suna	fëlda	dura	honda	suno
D.	sunum	fëldum	durum	hondum	sunum

Weitere beispiele: a) masc. *wudu* holz, *mëdu* (dial. *meodu*)
met; *weald* wald, *sumor*, *winter*, *hád* (got. *haidus*) person, *hearʒ*
hain; — b) fem. nur noch: *nosu* nase, *flór* flur, *cweorn* mühle.

Anm. 1. Neben den casus der u-declination treten bei den masc.
überall in später zunehmendem grade die formen der a-declination auf.
Besonders häufig ist dies bei den langsilbigen (g. sg. *feldes*, n. a. pl. *feldas*),
aber auch *sunas*, *wudas* etc. sind später häufig.

Anm. 2. Die feminina bilden vielfach ihre casus auch nach der
ó-decl., z. b. g. d. sg. *dure, nose.* Von *duru* heisst der d. sg. selten *dyru*
und *dyre*; zu *hond* auch g. d. sg. *hond.*

B. Schwache (n-)declination.

§ 58. Die schwache declination enthält im ags. sehr viele
masculina, nicht viele feminina und nur zwei neutra. Die
declination der drei geschlechter ist bis auf den n. sg. (a. sg.
neutr.) zusammengefallen.

§ 59. Masculina. Paradigmen: *ʒuma* mann, *léo* löwe.

			alts.
Sg.N.	ʒuma	léo	gumo, (-a)
GDA.	ʒuman	léon	gumon, -an
Pl.NA.	ʒuman	léon	gumon, (-un)
G.	ʒumena	léona	gumono
D.	ʒumum	léom	gumon, (-un)

Wie *ʒuma* gehen sehr viele, z. b. *hona* hahn, *móna* mond,
nëfa neffe, *tëona* schade, und nomina agentis, wie *bona* mörder,
wiʒa kämpfer. — Wie *léo* gehen eine anzahl contrahierter
(§ 8), z. b. *fréa* herr, *ʒeféa* freude, *ra* reh.

Anm. 1. Neben -*an* begegnet in einigen texten auch die endung -*on*;
im g. pl. steht im wests. selten, im north. häufig -*ana*, -*ona* statt oder neben
-*ena*. Daneben steht namentlich in den poet. texten bei langsilbigen wör-
tern gewöhnlich ein synkopiertes -*na*, wie *wilna*, *bróʒna* zu *willa* wille, *bóʒa*
schreck; im wests. ist dies -*na* im allgemeinen auf die langsilbigen völker-
namen beschränkt, wie *Seaxna*, *Francna* neben *Gotena*, *Judena*.
Im north. fehlen durchgehends die auslautenden *n* und die vocale der
endsilben schwanken vielfach.

Anm. 2. *oxa* (ochse) hat im n. a. pl. (*axen* § 11), *exen* neben *oxan*,
g. *oxna*, d. *oxum* und daneben *oxnum*; ein d. pl. auf -*num* findet sich später

auch bei *nĕfa, léo* (*nefenum, léonum*). Das pl. tantum *hiwan, híȝan* (familie) hat im g. pl. *híȝna, híwona* und *hína*.

§ 60. 1) **Feminina.** Beispiele: *tunȝe* (alts. *tunga*) zunge, *eorðe* erde, *heorte* herz, *méowle* jungfrau; kurzsilbige: *ceole* kehle, *cwëne* (got. *qinó*) frau; contrahierte *béo* biene, *slá* schlehe, *tá* zehe. — Die flexion ist ganz die der masculina (also g. sg. *tunȝan, béon* etc.): dem fem. eigen ist nur der n. sg. auf *-e* (bei den uncontrahierten).

Anm. 1. Die meisten kurzsilbigen nehmen im n. sg. statt *-e* die endung *-u* an (nach *ȝifu* § 50), z. b. *þrotu* kehle (g. sg. *þrotan* etc.), *cinu* spalte, *hracu* rachen.

Anm. 2. Das pl. tantum *éastron, -un* hat nur selten die regelmässige endung *-an*, daneben steht n. a. *éastru, -o* mit der endung des starken neutrums. Der g. ist *éastrena, -ana, éastran* und stark *éastra*; ein n. sg. *éastre* findet sich bisweilen.

2) **Die zwei neutra** *éaȝe* auge (alts. *óga*) und *éare* ohr (alts. *óra*) gehen, vom n. a. sg. auf *-e* abgesehen, ganz wie *ȝuma*, also g. sg. *éaȝan*, g. pl. *éaȝena* und *éaȝna* (vgl. § 59 a. 1) etc.

Anm. 3. *wǫnȝe* (wange) zeigt noch vielfach flexion des schw. neutrums, daneben aber starke formen durch vermischung mit den st. n. *wenȝe* und *þunwenȝe* (schläfe), welche ihrerseits von *wǫnȝe* auch schwache formen annehmen.

Anm. 4. Spätwests. zeigen *éaȝe, éare* auch starke formen, z. b. g. sg. *éaȝes, éares*.

C. Kleinere (consonantische) declinationsklassen.

1. Vereinzelte consonantische stämme.

§ 61. Paradigma der masculina: *fót* fuss, der kurzsilbigen feminina: *hnutu* nuss, der langsilbigen fem.: *bóc* buch. (Alts. *mann* m., *naht* f.).

	masc.	fem.		alts.	
Sg. NA.	fót	hnutu	bóc	man(n)	naht
G.	fótes	hnute	béc; bóce	mannes	nahtes
D.	fét	hnyte	béc	man, manne	naht
L.	fóte, fét	—	—		
Pl. NA.	fét	hnyte	béc	man(n)	naht
G.	fóta	hnuta	bóca	manno	nahto
D.	fótum	hnutum	bócum	mannun	nahtun

§ 62. Masculina. Wie *fót* gehen *tóð* zahn und *mǫn(n)* *man(n)*, pl. *téð, men* (*menn*).

Anm. 1. Wie *man, mǫn* geht *wîfman* (später *wimman*) weib, das auch als f. gebraucht wird. — Neben *man, mǫn* steht auch ein sw. m. *manna, mǫnna*.

Anm. 2. Zu *fót, tóð* bisweilen dial. n. a. pl. *fótas, tóðas*.

Anm. 3. Zu *ós* (gott) ist nur ein g. pl. *ésa* belegt.

Anm. 4. Die zweisilbigen *hæleð* (held) und *mónað* (monat) flectieren nach der a-decl., haben aber im n. a. pl. auch endungslos *hæleð, mónað*.

§ 63. Feminina.
Wie *hnutu* gehen noch *studu, stuðu* säule, und *hnitu* niss. — Wie *bóc* gehen: *ác* eiche, *ʒát* geiss, *bróc* hose, *ʒós* gans, *burʒ* burg, *furh* furche, *sulh* pflug, *turf* rasen, *ʒrút* grütze, *lús* laus, *mús* maus, *þrúh* korb, sarg, *cú* kuh, *éa* wasser, *neaht, niht* nacht, *mæʒeð, mæʒð* jungfrau.

Anm. 1. Im einzelnen zeigen die langsilbigen abweichungen vom paradigma *bóc*. Von manchen kommen nur die längeren formen des g. sg. vor (so *áce, ʒóse, ʒáte, múse*); der d. sg. erscheint bisweilen später ohne umlaut (*ác, bóc* etc.). Vielfach finden sich übergänge in die ô-decl. (nach *dr* § 50); z. b. n. a. pl. *burʒe, -a*, d. sg. *burʒe*.

Anm. 2. Von *burʒ* (*buruʒ*) haben die umgelauteten formen (g. d. sg., n. a. pl.) meist secundärvocal: *byriʒ*. — Bei denen auf *h* ist § 43 b zu beachten, also zu *furh* g. sg. *fyrh* und *fúre*, d. pl. *fúrum*.

Anm. 3. *neaht, niht* und *mæʒeð, mæʒð* sind im ganzen sg. und im n. a. pl. unveränderlich. Doch hat *niht* daneben auch g. d. sg. *nihte* und einen meist nur adverbial gebrauchten g. sg. *nihtes*.

Anm. 4. Einzelne consonantische casus zeigen auch *wlóh* saum, *dunʒ* unterirdisches gemach (d. sg. *dinʒ*), *meolc* milch (d. sg. *meolc* neben *meolce* und *meolcum*).

§ 64. Neutra
gehören hierher nur zwei: *scrúd* (gewand), d. sg. *scrýd*, spät *scrúd(e)*, n. a. pl. *scrúd*, g. *scrúda*; — *ealu* bier, g. d. sg. *ealoð, -að*, g. pl. *ealeða*, vereinzelt auch a. sg. *ealað* statt *ealu*.

2. Verwantschaftsnamen (r-stämme).

§ 65.
Die verwantschaftsnamen *fæder* vater, *bróðor* bruder, *módor* mutter, *dohtor* tochter, *sweostor, swuster* schwester (nebst den pl. tantum *ʒebróðor* gebrüder, *ʒesweostor* geschwister) flectieren folgendermassen:

	maso.		fem.		
Sg. NA.	fæder	bróðor	módor	dohtor	sweostor
G.	fæder, -eres	bróðor	módor	dohtor	sweostor
D.	fæder	bréðer	méder	dehter	sweoster
Pl. NA.	fæderas	bróðor, -ðru	módra, (-u)	dohtor, -tru, -tra	sweostor
G.	fædera	bróðra	módra	dohtra	sweostra
D.	fæderum	bróðrum	módrum	dohtrum	sweostrum

Anm. 1. Statt -or findet sich nicht selten -er, selten dial. -ar. —
In den dreisilbigen formen von *fœder* wird altwests. das *e* synkopiert
(*fœdres* etc.).

Anm. 2. Spätws. begegnen auch umgelautete g. sg. *méder, dehter*;
umgekehrt unumgelautete dative, wie *bröðer, dohter*.

Anm. 3. Im alts. sind alle diese wörter im ganzen sg. und n. a. pl.
unverändert: also sg. und n. a. pl. *fader, bröðer, -ar* etc.

3. Stämme auf *nd* (participialstämme).

§ 66. Hierher gehören nur die substantivierten participia
praesentis (die eigentlichen participia gehen nach der adjec-
tivischen *ja*-declination, s. § 69). Paradigmen *fréond* freund,
hettend hasser, feind (alts. *lériand* lehrer).

				alts.
Sg. NA.	fréond	hettend	friund	lériand
G.	fréondes	hettendes	friundes	lériandes
D.	frýnd, fréonde	hettende	friunde	lériande
I.	fréonde	hettende	—	—
Pl. NA.	frýnd, fréond	hettend, -de; -das	friund	lériand
G.	fréonda	hettendra	friundo	lériandero
D.	fréondum	hettendum	friundun	lériandun

Anm. 1. Wie *fréond* geht noch *féond* (feind), *ʒód-dónd* (pl. *ʒód-dénd*)
woltäter. Im n. a. pl. finden sich in der poesie (u. angl.) auch n. a. pl.
fréondas, féondas.

Anm. 2. Wie *hettend* gehen alle zweisilbigen (z. b. *wealdend* her-
scher, *démend* richter). In jungen texten dringt bisweilen das *r* des g. pl.
in den ganzen plural (n. a. pl. *wealdendras* etc.).

Cap. II. Declination der adjectiva.

A. Starkes adjectivum.

§ 67. Die starke adjectivdeclination schliesst sich an die
a-/ó-declination an; auch hier unterscheiden wir reine *a-/ó*-
stämme und solche, die *j* oder *w* vor dem stammauslaut haben,
also *ja-/jó*-stämme und *wa-/wó*-stämme. Von früher vorhandenen
starken adjectiven der *i*- und *u*-declination sind im ags. nur
noch dürftige spuren vorhanden.

Anm. 1 Die früheren adjectiva der *i*-declination flectieren wie die
langsilbigen *ja-/jó*-stämme (§ 69), z. b. *ʒemœne, blíðe* = got. *gamains, bleips*.
Die ursprüngliche zugehörigkeit zur *i*-declination ist nur bei ein paar kurz-
silbigen zu erkennen, die keinen geminierten consonanten haben: *bryce*
zerbrechlich, *swice* trügerisch, *freme* tüchtig, *ʒemyne* eingedenk.

Anm. 2. Die adjectiva der *u*-decl. sind ags. in die *a*- oder *ja*-decl.
übergetreten, z. b. *heard, eʒle* (beschwerlich) = got. *hardus, aglus*. — Nur

zwei kurzsilbige u-stämme sind im ags. noch erkennbar: 1) *wlacu* (lau)
im nom. sg. neben *wlæc*; von letzterem werden alle flectierten formen ge-
bildet; — 2) *cwucu, cucu* (lebendig, aus *cwiocu* § 10 a. 3). Die form auf
-u gilt für den n. sg. und pl. aller geschlechter, sowie für den a. sg. fem.
und a. sg. pl. neutr. Die übrigen formen werden nach der a-decl. wie
von einem n. *c(w)uc* gebildet; nur im a. sg. masc. steht neben *cucne* häu-
figer *cucune, -one*. Die angl. dialekte (und vielfach die poet. denkmäler)
haben dafür *cwic*, das ganz nach der a-decl. geht.

§ 68. Reine *a-/ô*-stämme. Paradigma: a) für die lang-
silbigen: *ʒôd* gut, — b) für die kurzsilbigen: *hwæt* scharf (vgl.
§ 9, 1), — c) für die mehrsilbigen: *háliʒ* heilig (vgl. § 21). —
Für das neutr. gelten ausser dem n. a. die formen des masc.

	Masc.			**alts.**
Sg.N.	ʒôd	hwæt	háliʒ	gôd
G.	ʒôdes	hwates	hálʒes	gôdes, -as
D.	ʒôdum	hwatum	hálʒum	gôdum(u), -un; -on
A.	ʒôdne	hwætne	háliʒne	gôdan(a), hélagna
I.	ʒôde	hwate	hálʒe	gôdu, (-o)
Pl. NA.	ʒôde	hwate	hálʒe	gôda, -e
G.	ʒôdra	hwætra	háliʒra	gôdaro, -oro, -ero
D.	ʒôdum	hwatum	hálʒum	gôdun, -on

	Neutr.			
Sg. NA.	ʒôd	hwæt	háliʒ	gôd
Pl. NA.	ʒôd	hwatu, -o	{ hál(i)ʒu, -o; háliʒ	gôd; (gôda); (managu)

	Fem.			
Sg. N.	ʒôd	hwatu, -o	{ háliʒu, -o; hálʒu, -o; háliʒ	gôd
G.	ʒôdre	hwætre	háliʒre	gôdaro, -ara
D.	ʒôdre	hwætre	háliʒre	gôdaro, -aru
A.	ʒôde	hwate	hálʒe	gôda
Pl. NA.	ʒôda, -e	hwata, -e	hálʒa, -e	gôda
G.	ʒôdra	hwætra	háliʒra	gôdaro, -oro, -ero
D.	ʒôdum	hwatum	hálʒum	gôdun, -on

a) Wie *ʒôd* gehen die meisten ags. adjectiva, z. b. *eald*
alt, *hál* heil, *rôf* tüchtig; *þweorh* quer, g. *þwéorcs* (§ 43 b); *wôh*
böse, n. fem. *wô* (< *wôhu*), g. *wôs*, d. *wô(u)m*, a. *wône* etc.
(§ 43 b); *héah* hoch, g. *héas* (§ 43 b); *ʒrimm* und *ʒrim*, g. *ʒrimmes*,
ʒrimre (§ 26 a. 2). — b) Nach *hwæt* gehen die nicht zahlreichen
kurzsilbigen, wie *til* tüchtig, *sum* irgend ein, *ʒlæd* froh (§ 9, 1),
blæc schwarz (§ 9, 1), composs. auf -sum (-sam) und -lic (-lich).

— c) Nach *hálig* gehen die ableitungen auf *-ig* (*éadig* glück-
lich, *mǫnig* etc.), auf *-el*, *-ol* (z. b. *micel*, *lýtel*, *sweotol* deutlich),
auf *-er*, *-or* (z. b. *fǽger*, *snotor*), auf *-en* (z. b. *gylden* golden,
íren eisern); ferner die participia praeteriti (z. b. *geholpen*,
genered).

Anm. 1. Das *-um* des d. sg. m. n. und des d. pl. geht später in *-un*,
-on, *-an* über (vgl. § 45 a. 1). — Der n. a. pl. neutr. wird spätws. gewöhn-
lich durch die form des masc. (*góde*, *hwate*, *hálge*) ersetzt, bisweilen zeigen
aber spätws. auch die langsilbigen die endung *-u* (*gódu*). — In den *r*-casus
zeigen die einsilbigen spätws. öfter mittelvocal (*gódera*, *sumera* etc.).

Anm. 2. *héah* zeigt gegen die regel formen mit assimiliertem *h*, so
a. sg. m. *héanne*, g. d. sg. fem. *héarre*, g. pl. *héarra* (daneben seltener *héane*,
héare, *héara* und ganz selten *héahne*, *héahre*, *héahra*), dagegen g. sg. m.
héas, d. pl. *héam* und *héaum*. — Bei *héah* und ähnlichen adjj. erscheinen
später oft formen mit innerem *g* (*héages*, *wóges*, *wógum* etc.).

Anm. 3. Bei den mehrsilbigen findet hinsichtlich der synkope des
mittelvocals vielfach schwanken statt. Die partt. praet. auf *-en* haben nur
selten synkope, also *geholpene* etc. — Bei kurzsilbigen wird nach § 21 b
alter mittelvocal der regel nach nicht synkopiert, also *sweotoles*, *generede*.
— Nach § 26 a. 2 wird später statt acc. sg. *gyldenne*, g. pl. *fǽgerra* etc. oft
gyldene, *fǽgera* geschrieben.   •

§ 69. Die *ja-/jô*-stämme. Die nicht zahlreichen **kurz-
silbigen** wie *mid* medius (alts. *middi*), *nyt* nützlich, *gesib* ver-
want, flectieren wie die langsilbigen *a*-stämme auf doppel-
consonanten (vgl. *grim* § 68 a), also *mid*, g. *middes*, *midre*.
Die **langsilbigen** unterscheiden sich von den langsilbigen
reinen *a*-stämmen nur dadurch, dass sie im n. sg. masc. und
n. a. sg. ntr. auf *-e* ausgehen, z. b. *gréne* grün (alts. *gróni*), ferner
haben sie im n. sg. fem. und n. a. pl. ntr. die endung *-u*, *-o*, also
grénu, *-o*. Die übrigen casus werden gebildet wie von *gód*,
also g. sg. *grénes*, *grénre* (alts. *grónies*, *gróniero*), a. sg. masc.
grénne (alts. *grónian*), a. sg. f. *gréne* (alts. *grónia*). — Weitere
beispiele *blíðe* freundlich, *swéte* süss, *céne* kühn, *yrre* erzürnt,
séfte sanft, *níwe* neu; mehrsilbige auf *-ihte* (z. b. *stánihte*
steinicht), auf *-bǽre* (z. b. *wæstmbǽre* fruchtbar). Ferner ge-
hören hierher alle participia praesentis, z. b. *gifende* gebend,
lóciende schauend.

Anm. 1. Das ursprünglich hierhergehörige kurzsilbige *frío*, *fréo* frei
(st. *frija-*) hat gewöhnlich die contrahierte form des n. sg. auch in den
übrigen casus, z. b. g. d. sg. fem. *fréore*, a. sg. masc. *fréone*, n. a. pl. *fréo*;
doch kommen auch formen ohne contraction vor, z. b. g. *friges*, d. *frigum*,
n. a. pl. *frige*.

Anm. 2. Wörter wie *syfre* sauber, *fæcne* sündig, die *r* oder *n* mit vorhergehendem consonanten haben, schieben vor dem *r*, *n* einen vocal ein, wenn ein ungleicher consonant folgt: *syferne*, *fæcenra*, dagegen a. sg. *fæcne* (< *fæcnne*), g. pl. *syfra* (< *syfrra*). — Wörter auf *-nne*, wie *þynne* dünn, nehmen im a. sg. kein weiteres *n* an: *þynne* (statt *þynn-ne*).

Anm. 3. Zu *sefte*, *swéte* heisst das adv. *sófte*, *swóte*. Dagegen haben die übrigen advv. den umlaut und sind also den adjectiven gleich, z. b. adj. und adv. *dyrne* verborgen (aber alts. adj. *derni*, adv. *darno*).

§ 70. Die *wa-/wo*-stämme. Wörter mit vocal oder diphthong vor dem *w* behalten das letztere in allen formen, weichen also von der flexion der reinen *a-/ó*-stämme nicht ab; z. b. *sláw* stumpf, *gléaw* klug, *réow* wild, *ów* sanft.

Dagegen die wörter mit consonant vor *w* vocalisieren dieses im auslaut zu *-u*, *-o* (*a*), vor consonantischer endung zu *-o*; z. b. *gearu* bereit, *nearu* eng, *geolu* gelb, *basu* braun. Die flexion ist also:

Sg. N. *gearu*, *-o*
 G. *gearwes* *gearore*
 D. *gearwum* *gearore*
 A. *m.* *gearone* *n.* *gearu* *f.* *gearwe*
 I. *gearwe*

Pl. NA. *m.* *gearwe* *n.* *gearu* *f.* *gearwa*, *-e*
 G. *gearora*
 D. *gearwum*

Anm. 1. Das pl. tantum *féawe* (wenige) hat neben sich die contrahierte form *féa*, d. *féawum* und *féam* (*féaum*). — Auch in *wéa* (leidvoll) ist vielleicht ein *w* durch contraction geschwunden.

Anm. 2. Zwischen consonant und *w* steht oft ein secundärer mittelvocal (§ 43 a. 1. § 58 a. 2) z. b. *gearuwe*, *gearowe*, *gearewum*. Später wird öfter die form *gearuw* als nominativ gebraucht und danach auch *gear(u)-wra* etc.

B. Schwaches adjectivum.

§ 71. Die schwache declination der adjj. ist dieselbe wie die der substantiva, also n. sg. masc. *góda*, neutr. fem. *góde*, g. sg. *gódan* etc. (wie *guma* § 59). Nun wird der g. pl. gewöhnlich durch die form des starken adj. ersetzt, also *gódra* (seltener *gódena*).

Anm. 1. Im d. pl. tritt hier die endung *-an* (*gódan* statt *gódum*) früher und öfter ein, als beim subst. (§ 45 a. 1) und st. adj. (§ 68 a. 1). — Auch in den g. pl. und n. sg. dringt später vereinzelt die allgemeine endung der schw. decl. *-an* ein.

Anm. 2. In einigen wörtern finden sich contractionen, so zu *wóh*, *héah* (§ 67a) n. sg. *wó*, *héa*, g. *wón*, *héan* etc.

Anhang. Comparation.

§ 72. Comparativ und superlativ werden im ags. regelmässig gebildet auf *-ra, -ost* (*-ust, -ast*), entsprechend dem got. *-ôza, -ôsts*, also ohne umlaut; z. b. *earm, earmra, earmost*; *fæzer, fæzerra, fæzerost*; *zearo, zearora, zearwost*; *hwæt, hwætra, hwicatost* (§ 9, 1).

Anm. 1. Nur wenige adjectiva bilden die steigerung auf *-ra, -est* (daneben *-ost, -ust*) mit umlaut der stammsilbe, also dem got. *-iza, -ists* entsprechend. So *eald, yldra, yldest; zeonz, zinzra, zinzest; sceort* (kurz), *scyrtra, scyrtest; lonz, lenzra, lenzest; stronz, strenzra, strenzest* und noch einige seltenere einzelfälle.

Anm. 2. *i*-umlaut verbunden mit synkope im superl. hat *héah* (vgl. § 68 a. 2), *hýrra* und *hýhra* (*héahra*), *hýhst* (*héahest, héahst, héhst* § 18 a. 2, spät auch *hízest*). Ebenso der zu dem adv. *néah* gehörige superl. *nýhst*. Erst spät findet sich auch in den andern umgelauteten superlativen synkope (*zinzst, yldst* etc.).

Anm. 3. Als adverbia des compar. und superlativs gelten endungslose formen auf *-or, -ost*, z. b. *stronzor, stronzost; earmor, earmost*.

§ 73. Die flexion des comparativs und superlativs ist die der schwachen adjectiva. Im superl. ist stark allein die form des n. sg. (a. sg. neutr.), neben welcher aber auch die schwache form üblich ist, also n. sg. *yldest* und m. *yldesta*, f. n. *yldeste*; *earmost* und *earmosta, -e*. Das o des superl. wird bei antritt von endungen sehr häufig zu *e*, also *earmesta* neben *earmosta*.

Anm. 1. Nur selten kommen im superl. starke formen ausser dem n. sg. vor.

§ 74. **Unregelmässige comparation** findet sich bei: *zód* gut, *bet(e)ra, bettra* (adv. *bet*), *bet(e)st*, fl. *betsta*; zu *zód* auch *sélla, sélra* (alt und angl. *sǽlra*; adv. *sél*), *sélest*; — *yfel* böse, *wyrsa* (adv. *wyrs*), *wyrrest(a), wyrsta*; — *micel* gross, *mára* (adv. *má*, dial. auch *mǽ*), *mǽst* (north. *mást*); — *lýtel* klein, *lǽssa* (adv. *lǽs*), *lǽst* (*lǽsest*).

Zu adverbien gehören: *fyrra, fyrrest* (*feor* fern); *néarra, nýhst* (*néah* nahe); *ǽrra, ǽrest* (*ǽr* früher); *furðra*, [*fyrest*?] (*fore* vor).

Anm. 1. Die meisten der zu adverbien und præpp. gehörigen adjectivischen steigerungsgrade zeigen eine abweichende superlativform mit einem *m*-suffix. Einfaches *-ma* steht nur in *forma* die erste und *hindema* der hinterste, letzte. Häufiger ist das durch antritt der gewöhnlichen endung *-est* weitergebildete *-mest*: z. b. *ytemest, útemest* (zu *úte* aussen,

comp. *ýterra, úterra*); *ýmest* und *yfemest, ufemest* (zu *ufan* von oben, comp.
yferra, uferra); *súðmest* (zu *sið* südlich, comp. *súðerra, sýðerra*); *fyrmest*
neben *forma* [und *fyrest*?] (zu *fore* vor) etc. — Zu adjectiven gehören
midmest (*mid* medius), *lætemest* (*læt* spät).

Anm. 2. Unregelmässige comparativadverbia sind ferner: *ær* früher,
sið später, *fyrr* entfernter, *leng* länger, *séft* sanfter, *ýð* leichter.

Cap. III. Die zahlwörter.

1. Cardinalzahlen.

§ 75. 1. *án* flectiert als starkes adj. nach *ʒód* (§ 68), hat
aber umlaut im a. sg. m. *ǽnne* (north. etc. verkürzt *enne*) und
im instr. *ǽne*; jünger auch *ánne*, bez. *áne*. Die pluralformen
bedeuten 'einzig' oder 'einzeln' (*ánra ʒehwylc* jeder), die
schwache flexion 'solus'. — 2. n. a. masc. *twéʒen* (dial. *twǽʒen,
twáʒen*, north. *twǽʒe* etc.), neutr. *tú, twá*, fem. *twá*; g. *twéʒ(e)a,
twéʒra*; d. *twǽm, twám*. — 3. n. a. masc. *þrí, þríe* (*þrý*), neutr.
und fem. *þréo*; g. *þréora*; d. *þrim, þrím*.

Anm. 1. Wie *twéʒen* flectiert *béʒen* (alt und angl. *bǽʒen*) beide,
neutr. *bú*, fem. *bá*, g. *bé(ʒ)ra*, d. *bǽm, bám* (dial. g. *bǽʒa*, d. *bǽm* und *bám*).

§ 76. Die zahlen 4—12 (*féower; fíf; six, syx, seox; seofon,
-an; eahta; niʒon; týn; endleofan, -lufon, -lyfon, -lefan; twelf*),
sowie die mit *-téne, -týne* componierten 13—19 (z. b. *þríténe,
fíftýne* etc.) werden bei attributivem gebrauch der regel nach
nicht flectiert. — Stehen sie allein, so bilden sie flectierte
formen nach der *i*-decl., z. b. n. a. *fífe* (neutr. *fífu, -o*), g. *fífa,
d. *fífum*.

§ 77. Die zehner von 20—60 (*twéntiʒ, twentiʒ; þrítiʒ,
þrittiʒ; féowertiʒ; fíftiʒ; sixtiʒ*) und die von 70—120 (*hund-
seofontiʒ, hundeahtatiʒ, hundniʒontiʒ, hundtéontiʒ, hundendleo-
fantiʒ, hundwelftiʒ*) sind substantiva und werden mit dem gen.
verbunden, doch werden sie bald auch adjectivisch gebraucht.
Sie bilden den g. *-tiʒra, -tiʒa*, d. *-tiʒum*, daneben aber auch g.
auf *-es* (*fíftiʒes*). Später werden sie indeclinabel.

§ 78. 100 wird neben *hundtéontiʒ* auch durch die ein-
fachen neutr. *hund* (*án hund*) und *hundred* bezeichnet. Die
zahlen 200—900 werden meist mit *hund* gebildet (*tú hund,
þréo hund* etc.). Auch diese zahlen sind substantiva; doch
werden sie auch adjectivisch gebraucht. Sie sind meist in-

declinabel, besonders später; doch kommen auch casus vor (d. sg. *hunde*, d. pl. *hundum*; n. a. pl. *hundredu* und *hundred*).

§ 79. 1000 ist das subst. neutr. *þúsend*, g. *þúsendes*, pl. *þúsendu, -o* und *þúsend*. Auch dieses wird später oft adjectivisch und indeclinabel gebraucht.

2. Ordinalzahlen.

§ 80. 1. *forma*; auch *formest, fyrmest, [fyrest?]* und *ǽrest* (alles schwach flectierende superlative, vgl. § 73). — 2. *óðer* (st. adj.) und *æfterra* (compar.).

Die übrigen ordinalia werden von den stämmen der cardinalzahlen gebildet und durchaus als schwache adjj. flectiert; z. b. *þridda* (alts. *thriddio*), *fífta, eahtoða, niʒoða, þrítéoða* (*-teoʒoða*), *twentiʒoða* etc.

Cap. IV. Declination der pronomina.

§ 81. Ungeschlechtige pronomina der 1. u. 2. person (nichtsächsische formen in klammern).

	I. person.			II. person.		
Sg.	ags.	alts.	got.	ags.	alts.	got.
N.	ic	ik	ik	þú	thû	þu
G.	mín	mín	meina	þín	thîn	þeina
D.	mé	mî	mis	þé	thî	þus
A.	(mec), mé	mî (mik)	mik	(þec), þé	thî (thik)	þuk
Dual.						
N.	wit	wit	wit	ʒit	git	—
G.	uncer	unkaro	ugkara	incer	—	igqara
D.	unc	unk	ugkis	inc	ink	igqis
A.	(uncit?), unc	unk	ugk(is)	(incit), inc	ink	igqis
Plur.						
N.	wé	wî (wê)	weis	ʒé, ʒie	gí (gê)	jus
G.	úre, úser	úser	unsara	éower	iuwar	izwara
D.	ús	ûs	uns(is)	éow	iu, eu	izwis
A.	(úsic), ús	ûs	uns(is)	(éowic), éow	iu, eu	izwis

Anm. 1. Das reflexivpron. (got. *seina, sis, sik*) fehlt im ags. (und alts.) und wird durch das pron. der 3. person (§ 82) ersetzt.

Anm. 2. Von den stämmen der personalpronomina und des (ags. verlorenen) reflexivpronomens werden adjectivische possessivpronomina gebildet, welche als **starke** adjj. flectiert werden: *mín* mein, *þín* dein, *sín* (refl.) sein; *úre* (und *úser*, namentlich dial.) unser, *éower* (north. *íuer*) ener. — Von *úre* haben die r-casus oft ein einfaches *r* (g. pl. *úra* etc.); von *úser* wird bei synkope *sr* zu *ss* assimiliert, also a. sg. *úserne*, aber g. *ússes*, d. *ússum* (statt *úsres*, *úsrum*): das *ss* dringt oft auch in die andern casus, z. b. n. sg. *ússer*.

§ 82. Geschlechtiges pronomen der 3. person.

		ags.		alts.			got.		
Sg.	m.	n.	f.	m.	n.	f.	m.	n.	f.
N.	hē	hit	héo (hie, hí, hý)	hê, hie	it	siu	is	ita	si
G.	his		hiere, hire, hyre	is	iro, -u; -a		is	izôs	
D.	him		hiere, hire, hyre	im; imu	iru, -o		imma	ija	
A.	hi(e)ne	hit	híe (hí, héo)	ina	it	sia, sea, sie	ina	ita	ija
Plur.									
NA.	híe (héo, hí, hý, hiʒ)			sia, sea, sie; *neutr.* siu			eis; ins	ija	ijôs
G.	hiera (hira, hyra), heora			iro			izê	izô	
D.	him (heom)			im			im	im	

§ 83. Einfaches demonstrativum 'der' (auch als bestimmter artikel und als relativpronomen gebraucht).

		ags.			alts.			got.	
Sg.	m.	n.	f.	m.	n.	f.	m.	n.	f.
N.	sē	þæt	séo	thê, thie	that	thiu	sa	þata	sô
G.	þæs		þǽre	thês	thêra, -o		þis	pizôs	
D.	þǽm (þám)		þǽre	thêm; thêmu	thêru, -o		þamma	þizai	
A.	þone	þæt	þá	thêna, thana	that	thea, thia, thie	þana	þata	þô
I.	þý; þon		—	—		thiu	—	þê	—

	ags.	alts.	got.		
Plur.			m.	n.	f.
NA.	þá	*m. f.* thea, thia, thie; *n.* thiu	þai; þans	þô	þôs
G.	þára (þǽra)	thêro	pizê	þizô	
D.	þǽm (þám)	thêm	þaim	þaim	

Anm. 1. Die eingeklammerten formen sind jünger. Andere in jüngeren texten vorkommende formen sind *séo* für den n. sg. masc. (ganz spät), *þæne* und *þane* im a. sg. masc., *þáre* im g. d. sg. fem.

Anm. 2. Die instrumentalform *þon* steht hauptsächlich bei comparativen (z. b. *þon mð* mehr als das) und in adverbialen formeln (z. b. *bi þon* deswegen, *æfter þon* nachher).

§ 84. Zusammengesetztes demonstrativpron. 'dieser'.

a) Masc. neutr.

		ags.		alts.	
Sg. N.	þĕs		þis	*thêse	thit(t)
G.	þis(s)es, þys(s)es			thêses, -as	
D.	þis(s)um, þys(s)um; þiosum			thêsum(u), -un; -on	
A.	þisne, þysne, þiosne	þis		thêsan	thit(t)
I.	þýs, þis			—	thius
Pl. NA.		þás		thêsa, -e	thius
G.	þissa (þeossa, þiss[e]ra)			thêsaro	
D.	þis(s)um, þys(s)um, þios(s)um			thêsun, -on	

b) Feminin.

ags.	alts.
Sg. N. þéos	thius
G. þisse (þeosse, þiss[e]re)	thësaro, (-a)
D. þisse (þeosse, þiss[e]re)	thësaro, -a
A. þás	thësa
Pl. wie masc. und neutr.	

§ 85. Interrogativpron. 'wer'. Das substantivische frage-pron. hat im westgerm. für masc. und fem. dieselbe form und bildet keinen plural.

ags.	alts.	got. m.	n.	f.
N. hwá | hwæt	hwê, hwie | hwat	huas | hua	hô	
G. hwæs	hwës	hris	*hvizôs	
D. hwǽm (hwám)	hwëm(u)	hramma	hvizai	
A. hwone | hwæt	hwëna (hwane) | hwat	hrana | hva	hvô	
I. — | hwý, hwí	— | hwî, hwiu	— | hrê	—	

Anm. 1. Neben *hwone* (selten *hwane*) kommt besonders später auch *hwœne* vor. — Eine zweite form des instr. *hwon* (*hwan*) steht nur in adverbialen formeln, eine dritte *hú* (alts. *hwô*) nur in der bedeutung 'wie'.

Anm. 2. Wie *hwd* geht auch das compos. *ʒehwd*, verstärkt *œʒhwd*, 'jeder'. Dieses bildet jedoch bisweilen einen g. d. sg. fem. *ʒehwœre*. — Seltener ist *œthwd* (jeder). — Spätwests. ist das comp. *lôcahwd*, *lôchwd* (wer auch immer).

§ 86. Die pronominaladjectiva (possessiva s. § 81 a. 2) weichen von der adjectivflexion meist nur dadurch ab, dass von ihnen keine schwachen formen gebildet werden; so bei *hwœðer* welcher von beiden, *hwilc* welcher, *swilc, swylc, swelc* solcher; *sum* irgend ein, *œlc* jeder, *œniʒ* 'ullus', *náhwœðer* (*náwðer*, *náðer*) 'neuter', *nán*, *nœniʒ* 'nullus'. — Stark und schwach flectiert *sëlf* (später *sylf*, dial. *seolf*, north. auch *solf*, *sulf*) 'ipse'; nur schwach *se ilca* 'idem' (erst spät kommen starke formen vor).

II. Abschnitt. Conjugation.

Cap. I. Die flexion der starken und schwachen verba.

§ 87. Die tafel links enthält die ags. starken verba, die tafel rechts die ags. schwachen verba und die alts. verbalflexion. Paradigmen sind:

A) für die starken verba: 1. *hëlpan* helfen (III. abl.) gibt die verbalendungen in der ags. form der ältesten quellen. — Die folgenden paradigmen zeigen die gemeinags. formen, und zwar: 2. für die regelmässigen verba: *bindan* binden (III. abl.),

faran fahren (VI. abl., mit wechsel von *a* und *œ*, § 9), *céosan*
wählen (II. abl., mit grammat. wechsel und mit umlaut in der
2. 3. sg. praes.), *fcallan* fallen (red. II, mit umlaut im praes.),
hebban heben (abl. VI; mit *j*-praesens, § 88 a. 1 a); — 3. für die
verba mit contraction nach ausfall eines inlautenden *h* (vgl.
§ 89 d): *téon* zeihen (abl. I), *téon* ziehen (abl. II), *séon* sehen
(abl. V), *sléan* schlagen (abl. VI), *fón* fangen (red. I), sämmtlich
im praet. mit grammat. wechsel.

B) für die schwachen verba: I schw. conj.: a) kurzsilbige:
nerian retten (mit erhaltenen *j* nach *r* § 28), *fremman* fördern
(mit westgerm. gemination, § 26 b, und ausfall des *j*, § 28); —
b) langsilbige: *déman* (alts. *dômian*) richten. — II schw. conj.
lócian (alts. *lôkon, -oian*) schauen.

Anmerkungen zur ags. verbalflexion.

1. Praesens.

a) Indicativ. 1. sg. Die endung *-u*, *-o* ist nur in den ältesten
quellen und im angl. erhalten, sonst herscht durchaus *-e*. Vor enkliti-
schem *ic* wird das *-e* bisweilen synkopiert, bes. *wénic* ich glaube, für
wéne ic.

2. und 3. sg. Die ältesten endungen der zweisilbigen formen des st.
v. und schw. v. I sind *-is*, *-iδ*; gewöhnlich gilt, auch schon in den älteren
quellen, *-es*, *-eδ*; die schw. v. II haben *-as*, *-aδ*; der 2. pers. ist späterhin
durchaus *t* angetreten, also *-est*, *-ast*. Bisweilen verschmilzt die 2. sg. mit
dem pron. der 2. pers., z. b. *wén(e)stu*, *wénesδu* (vgl. § 38 a. 4).

Bei den langsilbigen st. v. und schw. v. I wird das *e* der endungen
-es, *-eδ* im westsächs. und kent. in der regel synkopiert; bei den kurz-
silbigen herscht stärkeres schwanken (dem angl. ist diese synkope fremd).
Die stammauslautenden consonanten erleiden dabei z. t. veränderungen:
vereinfachung der gemination (*fylst, fylδ* § 26 a. 2); *d* wird gewöhnlich zu
t vor *s* und verschmilzt mit *δ* (*bintst*, auch *binst*; *bint* § 37 a. 1, § 38 a. 4);
δ wird nach consonanten stets unterdrückt (*weorδan, wyrst, wyrδ*), nach
vocalen fällt es vor *δ* oft aus und wird vor *s* zu *t* (*sniδan, snitst, sniδ* und
sniδδ); *c* und *z* werden besonders in späterer zeit oft zu *h* (*tœhδ* § 41 a. 2,
slihδ § 42 a. 4). Das *δ* der 3. person wird nach *s* oft, nach anderen
stimmlosen consonanten vereinzelt, zu *t* (*cyst* und *cysδ*).

Im plur. steht namentlich wests. statt der endung *-aδ* vor enklitischem
pron. *wé*, *zé* häufig *-e*: *binde wé*, *binde zé* (neben *bindaδ wé*, *zé*).

b) Optativ. Im pl. ist neben *-en* die endung *-an* im spätws. häufig;
daneben steht auch *-on* und bisweilen *-un*, also z. b. *binden, bindan* (*bin-
don, bindun*) Die gleichen formen gelten für die adhortative form des
imperativs (1. pl.). Vor *wé* und *zé* erscheint, aber gemeinags., wie im ind.
-e (*binde wé, zé*).

c) **Imperativ.** Die 2. sg. ist bei den st. v. endungslos, bei den schw. v. I hat sie die endung -e (älter -i), welche bei langsilbigen nach § 20 a. 2 geschwunden ist (nere, aber dém). Die schw. v. II haben die endung -a. Die st. j-praesentia (§ 88 a. 1a) stimmen zu den schw. v. I (hefe). — Die 1. pl. imp. stimmt zum pl. opt.; die 2. pl. imp. zum pl. ind.

d) **Infinitiv.** Neben der endung -an findet sich in älteren (wests.) texten selten -on. — Zum inf. gehört eine dativform (gerundium) auf -anne (tó bindanne), woneben in älteren texten auch -enne, -onne, in späten -ende (tó bindende) steht.

e) **Participium praes.** Ueber die flexion der partt. praes. als adj. ja-/jô-stämme s. § 69, die flexion der substantivierten partt. s. § 66. — Die gemeinags. form der part. ist -ende (selten dial. -onde).

2. Praeteritum.

a) **Indicativ.** Die 2. sg. der st. v. endet auf -e, welches hie und da vor enklitischem þu abfällt (hulp þu für hulpe þu). Die 2. sg. der schw. v. endet in den ältesten quellen auf -des, gemeinws. ist -dest (wie -est in der 2. sg. ind. praes.).

Im plur. gilt -un (schw. v. -dun) nur in den ältesten quellen, gemeinws. ist -on, -don, woneben später häufig -an (bundan), selten -en (bunden) erscheint.

b) **Optativ.** Die endung des pl. -en (schw. v. -den) ist zunächst vom ind. scharf geschieden. Später greift aber das -on, -an des ind. auch in den opt. über. — Die 2. sg. der schwachen verba ist spätags. der 2. sg. ind. gleich (neredest statt nerede).

3. Participium praeteriti.

Ueber die flexion der partt. pt. als adj. a-/ô-stämme s. § 68c und anm. 3. — Die einfachen verba bilden ihr part. pt. gewöhnlich mit der partikel ʒe- (älter ʒi-): ʒeholpen, ʒenered etc. Doch finden sich auch noch formen ohne ʒe-, namentlich beim starken verbum.

Cap. II. Die tempusstämme der starken und schwachen verba.

A. Starke verba.

§ 88. Die unterscheidung der tempusstämme geschieht bei den st. v. durch vocalwechsel in der stammsilbe. Auch die im gotischen noch reduplicierenden verba haben in den übrigen germ. sprachen blossen vocalwechsel, sind also ablautend geworden. Der vom ags. aus dem urgerm. übernommene vocalwechsel verteilt sich auf vier stämme, welche für die abwandlung der st. verba massgebend sind. Wir führen demgemäss von jedem verbum vier formen an. Diese sind:

1) **infinitiv**, dessen vocal als grundlage für alle praesensformen gilt; 2) 1. und 3. sing. ind. praet. (im westg. nur für diese formen); 3) plur. ind. praet. (für alle übrigen formen des praet.); 4) part. praet. (nur für diese form).

Anm. 1. Ausser dem vocalwechsel sind im ags. aus alter zeit noch einige reste von consonantischen unterschieden zwischen dem stamme des praesens und des praet. geblieben. Diese sind:

a) Praesensstämme mit erweiternden suffixen. Das sind besonders die praesensbildungen mit *j* (suffix -*ja*-), welche im praes. ganz wie die schw. v. I flectieren und in vocalen und consonanten der stammsilbe alle wirkungen eines folgenden *j* zeigen, während praet. und part. praet. davon frei sind. Vgl. das paradigma *hebban* § 87. Solche verba sind vorhanden in den klassen abl. V (§ 94), abl. VI (§ 95), red. II (§ 98) und vielleicht in abl. III (§ 92 a. 6. 8). — Reste anderer praesenserweiterungen bei *stondan*, *wæcnan* (§ 95 a. 2. 3), *friznan* (§ 92 a. 8).

b) Durch grammatischen wechsel (s. § 25) ergeben sich bei einer anzahl von verben, deren stämme auf *h*, *s*, *þ* ausgehen, consonantische unterschiede zwischen den stämmen 1. 2. und 3. 4., indem letztere *z* (*w*), *r*, *d* statt des *h*, *s*, *þ* eintreten lassen, z. b. *céosan*, *céas*, *curon*, *coren*. Doch haben manche verba diesen wechsel schon verwischt durch verallgemeinerung der einen von beiden formen; auch dringt der wechsel öfter in den 2. stamm vor, so besonders bei abl. VI (§ 95) und bei den red. v. (§ 96).

c) Consonantische abweichungen der praett. vom praesens bei einigen red. verben, als reste der reduplication, s. § 96 a. 1.

§ 89. Durch die speciell ags. vocalwandlungen sind die stammvocale der st. verba noch mannigfaltiger geworden. In betracht kommen folgende erscheinungen:

a) Der *i*-umlaut (§ 4) betrifft im praesens nur die 2. u. 3. sg. ind. und erscheint häufig in diesen formen, namentlich als regel bei synkope des endungsvocals (§ 87 anm. 1 a). Oft aber wird nach den übrigen praesensformen der unumgelautete vocal wieder eingeführt; dies gilt namentlich wieder als regel bei den nichtsynkopierten formen der langsilbigen verba, gelegentlich jedoch auch von synkopierten formen dieser art (also z. b. *fealst, feald*). — Der opt. praet. und die 2. sg. ind. praet. haben den umlaut schon ganz durch ausgleichung beseitigt. — Im part. praet. zeigt in der ältern sprache der stammsilbenvocal bisweilen *i*-umlaut, besonders bei verben auf -*az*, z. b. *zeslezen* neben später allein gültigem *zeslæzen*, *zeslazen*.

Anm. 1. Der *i*-umlaut in der 2. 3. sg. praes. ist am stärksten im wests. und kent. entwickelt, während das angl. ihn nicht kennt (da es nur die nichtsynkopierten formen verwendet). Dem umlaut der 2. 3. sg. entspricht in den ablautsklassen III—V der alte (und auch im angl. teilweise erhaltene) wechsel zwischen ë und i: hëlpe, hilp(e)st, hilp(e)ð (vgl. § 4 a. 1); auch hier finden sich die ausgleichsformen hëlpest, hëlpeð und hëlpst, hëlpð.

b) Die brechung (§ 5) betrifft das ë im ganzen praesensstamme der abl. v. IIIᵇ (z. b. weorpan), ferner das a in den red. v. II (z. b. feallan, wealdan) und im sg. praet. der abl. IIIᵇ.

c) u- und o-/a-umlaut (§ 7) ist in den angl. dialekten und im kent. häufiger, im wests. findet er sich nur sehr selten im praesens der abl. v. IV, z. b. beoran für bëran. — Ebenso tritt im praet. plur. der abl. v. I in den angl. dialekten gewöhnlich io, eo statt i ein (und so auch öfter in der poesie), im wests. sind vereinzelte formen wie driofon, dreofon statt drifon (zu drífan) kaum dem strengen dialekt gemäss.

d) Contraction (§ 8 und § 43b) findet bei denjenigen verben, welche h als endconsonanten der stammsilbe haben, im ganzen praesensstamme mit ausnahme der 2. 3. sg. ind. praes. und der 2. sg. imp. statt; vgl. die paradigmen § 87. — Praet. und part. praet. werden nicht betroffen, da sie durchaus h im auslaut oder aber ʒ, w haben.

Anm. 2. Im angl. ist das h nur in der 2. sg. imp. erhalten; die 2. 3. sg. ind. praes. hat contractionsvocale unter verlust des h.

1. Die ablautenden verba.

§ 90. Klasse I: Got. ei, ai, i, i. Alts. grîpan, grêp, gripun, gigripan; thîhan, thêh, thigun, githigan.

Ags. í, á, i, i. Beispiele: ʒrípan, ʒráp, ʒripon (ʒriopon § 89c), ʒripen greifen; mit gramm. wechsel sníðan, snáð, snidon, sniden schneiden; verba contracta (§ 88d) wréon, wráh, wriʒon, wriʒen bedecken.

Anm. 1. In rísan (sich erheben) ist der grammat. wechsel schon beseitigt: rison, risen.

Anm. 2. Die verba contracta dieser reihe sind nach dem praesensvocal ío, éo (vgl. téon, tíon ziehen § 91) häufig in der II. klasse übergetreten, also auch wréon, wréah, woruʒon, wroʒen. Ebenso téon (zeihen), davon part. praet. ausser tiʒen und toʒen auch mit i-uml. (§ 88a) tyʒen. — þéon (gedeihen) bildet in stamm 3 und 4 neben þiʒon, þiʒen und þuʒon, þoʒen auch nach kl. III þungon, þungen.

§ 91. Klasse II: Got. iu (ú), au, u, u. Alts. biodan, bôd, budun, gibodan; tiohan, tôh, tuhun (tugun), gitogan; lûkan, lôk, lukun, gilôkan.

Ags. *éo (ú), éa, u, o.* Beispiele: *béodan, béad, budon, boden* bieten, *céowan, céaw, cuwon, cowen* kauen; mit gramm. wechsel *céosan, céas, curon, coren* wählen; *séođan, séađ, sudon, soden* sieden; contr. (§ 89 d) *téon, téah, tuзon, toзen* ziehen; — *lúcan, léac, lucon, locen* schliessen.

Anm. 1. Wie *lúcan* geht die minderzahl: *slúpan* schlüpfen, *scúfan* schieben, *búзan* sich biegen, *smúзan* schmiegen, *súзan, súcan* saugen, *brúcan* brauchen, *hútan* sich neigen, und noch einige.

Anm. 2. Von *scéotan* (schiessen) und *scúfan* ist das part. pt. öfter *sceoten, sceofen* (§ 11 a. 3).

Anm. 3. Wie *téon* geht *fléon* (fliehen). Doch ist später das verbum im praesens mit *fléoзan* (fliegen) vermischt worden, mit dem es im praet. und part. pt. gleichlautend war.

Anm. 4. *héofan* (klagen) hat im praet. *héof* (nach red. II und schwach *héofde*), ebenso *hréowan* (reuen) spätws. auch *hréow*.

§ 92. Klasse III. Verba auf zwei consonanten; got. *i, a, u, u.* Alts. a) *bindan, band, bundun, gibundan*; — b) *hëlpan, halp, hulpun, giholpan.*

a) Verba auf nasal + cons. oder doppelnasal haben ags. *i, a* (oder *ọ* § 9, 1 c), *u, u.* Beispiele: *bindan, band (bọnd), bundon, bunden* binden; *swimman, swam (swọm), swummon, swummen* schwimmen.

Anm. 1. Mit metathese des *r* (§ 29 a. 1) gehört hierher *yrnan* (altws. *iernan* aus *rinnan*) laufen, praet. *ọrn* und *arn* (später auch *earn*), part. pt. *urnen*. Ebenso *byrnan* brennen. Neben *yrnan* selten auch *rinnan, rann* ohne metathese.

Anm. 2. Von *findan* kommt auch ein schw. pt. *funde* vor. — Zu *swinзan* part. pt. alt auch *sunзen*. — Ueber *þunзon* zu *þéon* s. § 90 a. 2.

b) Verba auf *l* + cons. haben ags. *ë, ea* (auch *a*, § 9 a. 6), *u, o*; verba auf *r* oder *h* + cons. haben *eo, ea, u, o.* Vgl. § 88 b. Beispiele: *hëlpan, healp (halp), hulpon, holpen* helfen; *swëllan, sweal(l), swullon, swollen* schwellen; — *weorpan, wearp, wurpon, worpen* werfen; *feohtan, feaht, fuhton, fohten* fechten; mit gramm. wechsel *weorđan, wearđ, wurdon, worden* werden.

Anm. 3. Ferner gehören hierher verba auf andere zwiefache consonanz: a) *s* + cons. mit metathesis des *r* (§ 29 a. 1): *bërstan, bærst, burston, borsten* brechen, ebenso *þërscan* dreschen; — b) *зd*: *brëзdan, braзd, bruзdon, broзden* schwingen (auch *brédan, bréd* etc. nach § 42 a. 3); ebenso *strëзdan (strédan)*, doch häufiger schwach praet. *streзde (strédde)*.

Anm. 4. Mit palatal anlautende, wie *зillan* (gellen), *зildan* (gelten) haben im ganzen praesens *i* oder *y* (altwests. *ie*) nach § 9, 2 d.

Anm. 5. Die auf *lc*, *lh* haben im praes. *eo* (§ 10, 2 a): *meolcan* melken; aus *feolhan* wird nach § 43 b im praes. *feolan* (verbergen, got. *filhan*), praet. *fealh*, neben *fulჳon* häufiger *fǽlon*, part. pt. *folen* (nach *stělan* § 93). Anm. 6. *ჳyrran*, praet. pl. *ჳurron* (knarren) hat wol *j*-praesens (vgl. § 89 a. 1 a. Anm. 7. *murnan* trauern (*mearn*, *murnon*) hat abweichenden praesensvocal. Ebenso *spurnan*, *spornan* treten. Aum. 8. *friჳnan* (erfragen [für *friჳnjan*: urspr. *nj*-praesens], got. *fraihnan*, *frah*, alts. *frẽgnan*, *fragn* und *frang*) hat im praes. *i*; praet. *fræჳn*, *fruჳnon*, part. *fruჳnen*. Daneben (nach § 42 a. 3) auch *frinan*, *fræჳn*, *frunon*, *frunen*; von *frinan* aus tritt auch nach abl. I (§ 90) praet. *frán*, seltener pl. *frinon*, part. *frinen* ein. Statt *fræჳn*, *fruჳnon* selten auch *frenჳ*, *frunჳon*.

§ 93. Klasse IV: Got. *i, a, ê, u.* Alts. *stëlan, stal, stâlun, gistolan.*

Ags. *ë, œ, ǽ, o.* Hierher verba auf *l, r*, z. b. *stëlan, stœl, stǽlon, stolen* stehlen; *bëran, bœr, bǽron, boren* tragen; ferner *brëcan, brœc, brǽcon, brocen* brechen.

Anm. 1. Besondere abweichungen zeigen zwei verba auf *m*: *niman*, *nóm*, *nómon* (neben *nam*, *námon*), *numen* nehmen; *cuman*, *c(w)óm*, *c(w)ómon*, *cumen* (auch *cyman* § 89 a); der praesensstamm erscheint öfter mit *y*, besonders der opt. praes. (*cyme* neben *cume*). Anm. 2. *scyran* (altwests. *scieran*), *scear*, *scéaron* (dial. *scær*, *scǽron*), *scoren* scheren (mit einwirkung des *sc* s. § 6 b). Anm. 3. Ueber *u*-, *o/a*-umlaut in klasse IV und V s. § 89 c.

§ 94. Klasse V: Got. *i, a, ê, i.* Alts. *gëban, gaf, gâbun, gigëban.*

Ags. *ë, œ, ǽ, ë.* Verba auf einfachen consonanten ausser *l, r, m*, z. b. *mëtan, mæt, mǽton, mëten* messen; mit gramm. wechsel *cwëðan, cwœð, cwǽdon, cwëden* sprechen; contr. (§ 89 d) *ჳe-féon, ჳefeah, ჳefǽჳon* sich freuen; mit *j*-praesens (88 a. 1 a) *biddan, bœd, bǽdon, bëden* bitten.

Anm. 1. *lësan* (lesen), *ჳenësan* (genescn) haben den gramm. wechsel verloren, den nur das defective *wësan* (§ 106) noch zeigt. Anm. 2. *ჳifan* (geben), *ჳeaf*, *ჳéafon*, *ჳifen* und ebenso *-ჳitan* (erlangen) mit den durch *ჳ* hervorgerufenen abweichungen (s. § 6 b). Anm. 3. Zu *ëtan* (essen), *frëtan* (fressen) ist der sg. pt. *ǽt*, *frǽt*. Anm. 4. Wie *ჳeféon* noch *pléon* (wagen) und *séon* sehen. Letzteres mit *w* im 3. und 4. stamm (vgl. das paradigma § 87), doch findet sich neben *sáwon* auch (dial.) *sáჳon* (angl. *séჳon*), neben part. *sëwen* auch *sawen* (angl. *ჳeseჳen*). Anm. 5. Verba mit *j*-praesens sind noch: *licჳean* liegen, *sittan* sitzen, *picჳ(e)an* nehmen, *fricჳ(e)an* erfahren. Zu *picჳean* ist das praet. *páh*, *þeah*

(§ 90 a. 2), *þǽɟon, ɟeþɦ̆ɟen*; zu *fricɟean* nur part. *ɟefrĭ̆ɟen, -friɟen, -fruɟen* (vgl. *friɟnan* § 92 a. 8).

Anm. 6. Im pl. praet. steht *lǽɟon* neben *lǽɟon* zu *licɟean* (§ 12 a. 1), ebenso *wǽɟon* und *wǽɟon* zu *wĕ̆ɟan* (tragen; töten).

§ 95. Klasse VI: Got. *a, ó, ó, a.* Alts. *faran, fór, fórun, gifaran*; *slahan, slóg, slógun, gislagan*; *hebbian, hóf, hóbun, gihaban.*

Ags. *a, ó, ó, a* (und *æ*, s. § 9, 1). Beispiele: *faran, fór, fóron, faren* gehen; contr. (§ 89 d) *sléan, slóɟ, slógon, slaɟen* (und *slæɟen*, auch *sleɟen* § 89 a) schlagen; mit *j*-praesens (§ 88 a. 1 a) *hebban, hóf, hófon, hafen* (*hæfen*) heben.

Anm. 1. *weaxan* (wachsen) hat im praet. (nach red. II) *wéox* (north. *wóx*); ebenso von *spanan, spǫnan* (verlocken) statt *spón* später *spéon* (und danach auch praes. *spannan*).

Anm. 2. Zum praet. *wóc* gehört das praes. *wæcnan* (erwachsen).

Anm. 3. *stǫndan, standan* (stehen) bildet das praet. ohne *n*: *stód, stódon*, aber part. *stǫnden.*

Anm. 4. Wie *sléan* (vgl. das paradigma (§ 57) noch *fléan* schinden, *léan* tadeln, *þwéan* waschen.

Anm. 5. Verba mit *j*-praesens sind ausser *hebban* (vgl. d. paradigma § 87): *swerian, swer(i)ɟ(e)an* schwören, *hlihhan, hlyhhan* (§ 9, 2 a) lachen, *stæppan* gehen, *sceððan* (auch *sceaðan*) schädigen, *scippan, scyppan* (§ 9, 2 b) schaffen. — Praet. mit gramm. wechsel: *hlóɟ* (*hlóh* § 42 a. 4), *hlógon* und *scód* (auch *scéod* nach *sc*), *scódon*, daneben schwach *sceðede*. Part. zu *swerian* mit *o* : *sworen* (auch *swaren*).

2. Die reduplicierenden verba.

§ 96. Im gotischen gibt es a) reduplicierende verba ohne vocalwechsel, z. b. *haitan, haihait, haihaitum, haitans* heissen; *aukan, aíauk, aukans* vermehren; — b) ablautend-reduplicierende verba, z. b. *létan, lailót, létans* lassen, *saian, saísó, saians* säen. In den übrigen germanischen sprachen sind die reduplicierenden praeterita durch contraction verkürzt, so dass sie sich nur noch durch den vocalwechsel vom praesens scheiden. Da für das ganze praet. derselbe vocal gilt und der vocal des part. pt. dem praesensvocal gleich ist, so wird (ebensowie bei den abl. v. VI) durch zwei stammformen, infinitiv und sing. praet., die flexion des verbums gekennzeichnet.

Anm. 1. In den anglischen dialekten gibt es bei 5 verben noch formen, welche den stamm des praet. vom praesens ausser durch den vocalwechsel auch noch durch einen consonanten unterscheiden, durch den auf die alten reduplicationsformen deutlich hingewiesen wird: *heht* zu *hátan* heissen (got. *haihait*), *reord* zu *rǽdan* raten (got. *rairóþ*); *leolc* zu *lácan* springen (got. *lailaik*), *leort* zu *lǽtan* lassen (got. *lailót*) und (*on*)*dreord* zu (*on*)*drǽdan* fürchten. Aus den dialekten sind diese formen auch in die poetischen denkmäler übergegangen. Im wests. begegnet von ihnen nur ganz spärlich *heht* (neben *hét*).

§ 97. Klasse I. Vocal des praet. *é* (*e*): a) verba mit praesensvocal *ǽ*: *lǽtan, lét, léton, lǽten* lassen (alts. *látan, lét*); *slǽpan* schlafen, (*on*)*drǽdan* fürchten; — b) mit praesensvocal *á* (got. *ai*): *hátan, hét, héton, háten* heissen (alts. *hétan, hét*); *lácan* springen, *scádan* (auch *scéadan*), *scéd* (und *scéad*) scheiden.

Anm. 1. Kurzes *e* hat wol *blandan* (*blǫndan*) mischen, pt. *blend*; ferner die verba contr. *fón* (s. paradigma § 87) fangen, *hón* hangen aus **fanhan, *hanhan* § 12 d, § 30 a. 1), praet. mit gramm. wechsel *feng, heng*, part. *fangen, hangen*.

Anm. 2. *rǽdan*, raten (angl. *reord* § 96 a. 1) ist wests. schwach; *rǽdde, gerǽdd* (selten *rǽden*). Auch zu *slǽpan, -drǽdan* begegnen schw. *slǽpte, -drǽdde*.

Anm. 3. Zu *hátan* (nennen, heissen) gehört als 1. 3. sg. intrans. ps. und pt. *hátte* (ich werde genannt, heisse), der einzige rest des got. mediopassivs (*haitada*). Dazu pl. 1. 2. 3 *hátton*.

§ 98. Klasse II. Vocal des praet. *éo*: a) verba mit praesensvocal germ. *a* vor *l, n* + cons., z. b. *healdan, héold, héoldon, healden* (alts. *haldan, held*) halten, *feallan* fallen, *spannan* (*spǫnnan*) spannen, *gangan* (*gǫngan*) gehen etc.; — b) mit praesensvocal *éa* (got. *au*): *hléapan, hléop* (alts. *hlópan, hliop*) laufen, *héawan* hauen, *béatan* schlagen, *áhnéapan* abpflücken; — c) mit *ó*, z. b. *hrópan, hréop* (alts. *hrópan, hriop*) rufen, *hwópan* drohen, *blótan* opfern; — d) mit *áw* und *ów*, z. b. *cnáwan, cnéow* kennen, *þráwan* drehen, *wáwan* (got. *waian*) wehen, *sáwan* (auch *sǽwan*, got. *saian*) säen; *blówan* blühen, *grówan* wachsen, *rówan* rudern, *spówan* gedeihen etc.

Anm. 1. Die verba unter a) gehören im alts. und ahd. zu klasse I (vocal des praet. im alts. kurz *e*) und sind im ags. (bis auf die reste § 97 a. 1) zu kl. II übergetreten. Vor der doppelconsonanz ist das *eo* des praet. vielleicht als kurz anzusetzen. — Die verba unter d) sind im alts. (ahd.) zu den schw. v. I übergetreten. Im ags. hat *búan* (wohnen) nur schw. pt. *búde, búede*; dazu auch schw. praes. *búian, búwian*. Dagegen besteht noch das st. part. *gebún, gebúen* (selten *býn*).

Anm. 2. *gangan* (gehen) hat neben sich das anomale praes. *gán* und im praet. das defective *éode* (s. § 109). Auch ein schw. praet. *gengde* kommt vor.

Anm. 3. *swdpan, swéop* (wegfegen) ist aus kl. Ib hierher übergetreten; über *weaxan* und *spanan* s. abl. VI (§ 95 a. 1).

4*

Anm. 4. Bei den verben unter d) tritt im praet. gelegentlich contraction ein, z. b. *réon* (statt *réowon*) zu *rówan*.

Anm. 5. Ein *j*-praesens (§ 88 a. 1 a) ist *wépan*, *wéop* (alts. *wôpian*, *wiop*) weinen; so vielleicht noch *hwésan* keuchen.

B. Schwache verba.

§ 99. Bei den schwachen verben ist zu unterscheiden: 1) der stamm des praesens, 2) der stamm des praeteritums, 3) der stamm des part. praet., welcher mit dem stamme des praet. im wesentlichen übereinstimmt. Von den vier got. klassen ist die vierte (inchoativa auf *-nan*) im westgerm. verloren; im ags. (und alts.) ist auch die 3. got. ahd. klasse (stammausgang got. *ai*, ahd. *ê*) bis auf reste verschwunden, so dass nur zwei hauptklassen schwacher verba, entsprechend der got. ahd. 1. und 2. schwachen conjugation (stämme auf *ja-* und *ó-*) vorhanden sind.

Zur flexion der schw. v. vgl. § 87 mit den paradigmentabellen.

1. Erste schwache conjugation.

§ 100. Das praesens dieser überaus zahlreichen klasse ist mit einem *j*-suffix gebildet, welches im got. und alts. (*nerian*, *fremmian*, *dômian*) noch erhalten ist; nur vor dem *i* der 2. 3. sg. ind. und 2. sg. imp. war das *j* geschwunden (alts. *neriu*, aber *neris, nerid, neri*). Im ags. ist das *j* nach consonanten geschwunden, nur nach *r* bei kurzer stammsilbe ist es erhalten (vgl. § 28), also *nerian* (graphische nebenformen *nerʒan, neriʒan, neriʒean*) retten; ebenso *werian* wehren, *byrian* gebühren etc. Seine spuren hinterlässt das *j*: 1) im *i*-umlaut, der den ganzen praesensstamm betrifft, z. b. *déman* (alts. alts. *dômian*) richten, *fyllan* (alts. *fullian*) füllen, *hýran* (alts. *hôrian*) hören, *sendan* (alts. *sendian*) senden, etc.; — 2) in der palatalisierung eines vorhergehenden *c, ʒ*, welche nach § 40 a. 2 vor *a, o* oft durch die schreibung *ce, ʒe* bezeichnet wird, also *þencean, þencan* (alts. *thenkian*) denken, *hnǽʒ(e)an* (westgerm. *hnaiʒjan*) neigen. — 3) Bei den ursprünglich kurzsilbigen hat nach § 26 b das *j* gemination des vorhergehenden einfachen consonanten (ausser *r*) hinterlassen, welche im ganzen praesensstamm steht ausser in der 2. 3. sg. ind. und 2. sg. imp., z. b. *tellan* erzählen (got. *tal-*

jan), telle, aber *telest, teleð;* ebenso *fremman* fördern, *wecc(e)an*
wecken, *wecʒ(e)an* bewegen, *þennan* (got. *þanjan)* dehnen,
settan setzen, *hlynnan* brüllen, ableitungen auf *-ettan* (z. b.
bliccettan blitzen).

Anm. 1. Die scheidung der ursprünglich kurzsilbigen in solche mit
gemination (*fremman* etc.) und solche mit *ri* (*nerian* etc.) wurde im wests.
und kent. schon früh dadurch gestört, dass die geminierenden auch neben-
formen nach *nerian* entwickelten. So erscheinen formen wie *fremian,*
þenian vielfach neben *fremman, þennan* etc.

Anm. 2. Der wechsel zwischen gemination und einfachem conso-
nanten bei den kurzsilbigen wird später oft dadurch gestört, dass die
gemination auch in die 2. 3. sg. ind. eindringt, also *tellest, telleð* statt
telest, teleð.

Anm. 3. Nach § 19 a. 2. 4 fehlt der umlaut bisweilen bei *éo;* so steht
neben *lýhtan* leuchten, *trýwan* glauben, *ýwan* (altws. *íewan*) zeigen, auch
léohtan, tréowan, réowan (daneben dial. *éawan*).

Anm. 4. Bei vorausgehendem vocal oder diphthong ist entweder
das *j* des praesenssuffixes ganz geschwunden und contraction von stamm
und endung eingetreten, wie in *hýn* erhöhen (aus **híehan* zu *héah;* dafür
dial. *héan), týn* lehren, *þýn* drücken; oder es ist intervocalisch als *ʒ* er-
halten: so in *cíʒan* rufen (altws. *cíeʒan* aus **kaujan*) und (poet.) *héʒan*
ausführen (aus **haujan,* altn. *heyja*). In beiden fällen ist im wests. der
praesensstamm auch für das praet. massgebend: *týde (tydde)* — *cíʒde* (doch
poet. *héde*).

Anm. 5. Verba auf *rw, lw,* wie *ʒyrwan* (älter *ʒierwan*) bereiten,
wylwan (wielwan) wälzen, verlieren ursprünglich nach § 27 a. 3 ihr *w* in
der 2. 3. sg. ind. praes. und in der 2. sg. imp. (desgl. im praet.) und flec-
tieren also: *ʒyrwe, ʒyrest, ʒyreð, ʒyrwað;* imp. *ʒyre* (praet. *ʒyrede*). Doch
treten bald umbildungen ein, indem meist das *w* ganz durchgeführt (*ʒyr-*
west, ʒyrwede), oder auch ganz getilgt wird. S. auch fg. anm.

Anm. 6. Viele verba dieser klasse haben, besonders in der späteren
sprache, nebenformen nach der 2. schwachen conjugation. Besonders häufig
ist dieser übertritt spätags. bei der kurzsilbigen mit erhaltenem *i* (*nerian*)
und den nach anm. 1 danach umgebildeten wie *fremian, þenian,* welche
dann flectieren *nerast, fremast* (praet. *nerode, fremode*). Ferner ist dies
häufig bei den verben auf *rw, lw* (anm. 5), also z. b. neben *wylwan* später
auch *wylian* und *wylwian (wylode, wylwode).* Auch die auf cons. + *n, r,*
l ausgehenden, wie *hynʒran* (hungern) haben später auch *hynʒrian* u. dgl.

§ 101. Das praeteritum der schw. v. I, welches im got.
durchaus auf *-ida* gebildet wird, zeigt im ags. eine dreifache
bildungsweise:

a) Bei der mehrzahl der kurzsilbigen (auf *ri, mm, nn, ss,*
ðð, bb, cʒ) ist unsynkopiertes *-ede* (got. *-ida*) mit einfachem
cons. die regel, also *nerian — nerede, þennan (þenian) —*

þenede, cnyssan (stossen) — cnyscde, swebban (einschläfern) —
swefede, wecʒ(e)an — weʒede.

b) Das e der mittelsilbe (got. i in -ida) wird synkopiert,
wirkt jedoch umlaut (§ 20 a. 2). Das ist regelmässig der fall
bei sämmtlichen langsilbigen (§ 21 b), also déman — démde,
hýran — hýrde, fyllan — fylde, ýcan (vermehren) — ýcte etc.
Ferner folgen dieser bildung von den kurzsilbigen lecʒ(e)an
(legen) — leʒde (auch léde § 42 a. 3) und alle auf d und t,
z. b. hreddan (retten) — hredde, settan (setzen) — sette.

c) Eine anzahl verba bildete schon urgerm. das praet.
ohne mittelvocal i. Diese verba haben daher im ags. keinen
umlaut im praet. und bei auslautendem guttural ist die ver-
bindung ht aus dem urgerm. übernommen. Hierher gehören
alle kurzsilbigen auf l und c, z. b. tellan (erzählen) — tealde,
cwellan (töten) cwealde, þecc(e)an (decken) — þeahte, wecc(e)an
(wecken) — weahte. Ferner mehrere langsilbige auf c, wie
séc(e)an (suchen) — sóhte, recc(e)an (sich kümmern) — róhte
(mit ablaut), tǽcean (lehren) — tǽhte; und die auch im got.
so gebildeten bycʒean (kaufen) — bohte (got. baúhta), wyrcean
(arbeiten) — worhte (got. waúrhta), þencean und þyncean —
þóhte, þúhte (got. þáhta, þúhta, vgl. § 31 a. 1); hierher auch
das praet. bróhte (got. bráhta) zu dem st. praes. brinʒan (auch
schwach brenʒean).

Anm. 1. Auch bei den unter a) angeführten kurzsilbigen praett.
auf -ede wird gelegentlich das e synkopiert, z. b. cnyste st. cnysede; später
wird bisweilen der doppelcons. des praes. ins praet. übertragen, z. b. cnys-
sede. Die form auf -ede nehmen von den langsilbigen in der regel die mit
langer silbe vor cons. + n, l, r an, z. b. hynʒran (hungern) — hynʒrede,
býcnan (ein zeichen geben) — býcnede; bei kurzem vocal vor cons. + n, l,
r gilt meist -de, z. b. efnan (ausführen), eʒlan (quälen) — eʒlde; doch
finden sich hier manche schwankungen. Zu nemnan (nennen) lautet das
praet. nemde. — Ferner haben -ede die langsilbigen auf lw, rw (vgl. § 100
a. 5): ʒyrede, wylede.

Für alle die genannten -ede tritt spätags. gern -ode mit übertritt zu
den schw. v. II ein, der sich dann auch aufs praes. erstreckt (vgl. § 100 a. 6).

Anm. 2. Bei den synkopierten praett. unter b) treten gewisse assi-
milationen ein: -de wird meist zu -te nach stimmlosen consonanten, z. b.
ʒrétan — ʒrétte, scencan — scencte, cyssan — cyste (aber bei einfachem s:
lýsan — lýsde etc.); — ðd bleibt zunächst, wird aber später dd, z. b. cýðan
— cýðde, cýdde; — das d geht verloren nach cons. + t, d, z. b. ehtan —
ehte, sendan — sende.

Anm. 3. Von den verben unter c) haben die auf -*ecc*-, wie *þecc(e)an*, *wecc(e)an* im praet. auch *þehte*, *wehte*, welche form später herschend wird. — Neben *tæhte* zu *tæcan*, *ræhte* zu *ræc(e)an* (reichen) steht bisweilen *tāhte*, *rāhte*. Das comp. *forwyrcan* hat spätags. *forwyrhte*.

Anm. 4. Nach dem muster der verba unter c) nehmen auch solche auf *c*, die regelmässig ihr praet. nach b) bilden, öfters im praet. (und part.) -*ht* an, also z. b. *ycan*: *ycte* (*ȝeȳced*) und *ȳhte* (*ȝeȳht*), *þrycc(e)an* drücken: *þrycte* und *þryhte*.

§ 102. Die stammform des participium praet. stimmt im wesentlichen mit der des praet., besonders hinsichtlich der form der consonanten. Das part. geht in der unflectierten form auf -*ed* aus bei den verben § 101 a, b, also *ȝenered*, *ȝefremed* und *ȝedémed*, *ȝehȳred*, *ȝefylled*. Dagegen haben die verba § 101 c die unflectierte form ohne *e*, z. b. *ȝeteald*, *ȝeþeaht*, *ȝesóht*, *ȝeþóht*, *ȝeþúht*, *ȝeworht*, *ȝebróht* (daneben poet. auch *brunȝen*).

In der flexion gelten für die letztgenannten verba die gleichen formen. Dagegen tritt bei den langsilbigen auf unfl. -*ed* (§ 101 b) regelmässig synkope ein wie bei *háliȝ* (vgl. § 68 c und anm. 3), also *ȝefylled*, *ȝefyldes*, *ȝefyldum*, *ȝefyllede*. Die kurzsilbigen in § 101 a haben keine synkope, also *ȝefremed*, *ȝefremedes*.

Anm. 1. Von *lecȝean* (§ 101 b) lautet die unflectierte form *ȝeleȝd* (*ȝeléd*). Ebenso wird strengwests. bei den verbis auf *t*, *d* die unflectierte form mit synkope gebildet, z. b. *ȝeset(t)*, *dhred(d)* zu *settan*, *dhreddan*, oder *ȝeȝrét(t)*, *ȝelǽd(d)* zu *ȝrétan*, *lǽdan*, und ebenso vor consonantischer endung: *ȝeȝrétne*, *ȝelǽdne* etc. In der späteren sprache finden sich bisweilen auch andere unflectierte formen mit synkope. Vgl. auch § 101 a. 4.

Anm. 2. In den flectierten formen finden sich hinsichtlich des *e* ebenfalls schwankungen und abweichungen von der norm, besonder später; so z. b. wenn bei langsilbigen das *e* auch in die flectierte form übertragen wird (*ȝefyllede*, *ȝedémede* etc.).

2. Zweite schwache conjugation.

§ 103. Das praesens dieser klasse hat einen stamm auf -*ója*- zur voraussetzung, der im alts. noch vorliegt neben der im got. ahd. herschenden kürzeren form auf -*ó*- (alts. *scauwoian* und *scauwon*). Im ags. ist das -*ója*- in der regel zu -*ia*- (-*iȝa*-, -*iȝea*-) geworden, z. b. *lócian*, *lóciȝ(e)an* schauen, *wundrian* (alts. *wundroian*) sich wundern, *fandian* (alts. *fandón*) versuchen. Im praeteritum und part. praet. ist der stammausgang *o*, an welchen die suffixe -*de*, -*d* antreten: *lócode*, *gelócod*.

Die flexion s. in der tabelle § 87. Es ist dazu zu bemerken, dass im praes. für *ie* sehr oft *iჳe*, für *ia* auch *iჳ(e)a* geschrieben wird, also *lóciჳe*, (*lóciჳ[e]aჷ*) etc.

Anm. 1. Die zahl der hierher gehörigen verba ist sehr gross; besondere gruppen sind die ableitungen auf -*nian* (got. -*nôn*), z. b. *fæჳnian* sich freuen (got. alts. *faginôn*), auf -*sian* (got. -*isôn*), z. b. *ricsian*, *rixian* herschen, auf -*(e)cian*, z. b. *bedecian* bitten. Viele sind auch aus der früheren 3. schw. conj. hierher übergetreten, wie *þolian* dulden (ahd. *dolên*), *hlinian* lehnen (ahd. *hlinên*) etc.

Anm. 2. Das *i* im praesensstamm bildet noch eine selbständige silbe; als aus *o* hervorgegangen wirkt es keinen i-umlaut; der gelegentlich davor auftretende *u-(o-/a-)*umlaut, z. b. *hleonian* neben *hlinian* ist wol aus den andern flexionsformen, wie praet. *hlionode*, *hleonode* (§ 10, 2 b) übertragen. North. finden sich neben formen mit *ia*, *iჳa* auch solche mit *oჳia*, *aჳe*, *eჳe*.

Anm. 3. Im praet. sg. findet sich statt *o* öfter der vocal *a* (*lócade*; namentlich kent. und angl.), seltener *u* und *e*; dagegen ist im plur. *e* häufiger (*lócedon*); auch in den flectierten formen des part. steht häufig *e* statt *o* (d. pl. *ჳelócodum* und *ჳelócedum*).

Anm. 4. Bei einigen verben mit vocalischen ausgang (nach ausfall von *h*) treten contractionen ein, z. b. *twéoჳan* (aus *twihôian*, ahd. *zwêhôn*) zweifeln, praes. ind. *twéoჳe*, *twéost*, *twéoჷ*, praet. *twéode*.

3. Reste der dritten schwachen conjugation.

§ 104. Die meisten frühern angehörigen dieser klasse sind in die 2. schw. conj. übergetreten (§ 103 a. 1), andere haben doppelformen nach der 1. und 2. schwachen conj., z. b. *fylჳ(e)an* — *fylჳde* und *folჳian* — *folჳode* folgen (ahd. *folgên*). Am meisten spuren der alten flexion tragen an sich die vier verba *habban*, *hæfde*, *ჳehæfd* haben; *libban*, *lifde*, *ჳelifd* leben; *secჳ(e)an*, *sæჳde*, *ჳesæჳd* sagen; *hycჳ(e)an*, *hoჳde*, *ჳehoჳod* denken. Charakteristisch ist für diese, dass sie im praet. -*de*, im part. -*d* ohne mittelvocal anfügen, während der praesensstamm vorwiegend den charakter der 1. schwachen conj. trägt (gemination des consonanten, bez. umlaut) und nur in der 2. 3. sg. ind., 2. sg. imp. die form der 2. schw. conj. zeigt; doch werden zumal wests. auch die 2. 3. sg. ind. oft nach der 1. schw. conj. gebildet. Es flectiert also das praesens:

1. sg.	2. sg.	3. sg.	pl.	opt.	2. sg. imp.
hæbbe	(hafas[t]) / hæfst	(hafaჷ) / hæfჷ	habbaჷ	hæbbe	hafa
libbe / (lifჳe)	liofas(t)	liofaჷ	libbaჷ / (lifჳaჷ)	libbe / lifჳe	liofa

1. sg.	2. sg.	3. sg.	pl.	opt.	2. sg. Imp.
secʒe	{(saʒas[t]) / sæʒst}	{(saʒað) / sæʒð}	secʒ(a)ð	secʒe	{(saʒa) / sæʒe}
hycʒe	{hoʒas[t] / hyʒ(e)st}	{hoʒað / hyʒ(e)ð}	hycʒ(e)að	hycʒe	{hoʒa / hycʒe}

Anm. 1. Die eingeklammerten formen der paradigmen sind im wests. im allgemeinen nicht üblich. Neben den angeführten ältesten formen kommen vielfach umbildungen vor. Von *habban* lautet die 1. sg. in der (angl.) poesie auch *hafu*, *-o* (*-a*). — Für *liofast*, *liofað* heisst es später *leofast* etc. (§ 10, 2), daneben auch *lifast*, *lyfað*, das praet. lautet spätws. *leofode* (*lyfode*, *lifede*); dialektisch dringt das *eo* auch in die alten *j*-formen des praes. ein, *leofian*, *leofiað*. --- Neben *sec(ʒ)ean* begegnen oft formen mit *æ* (*sæcʒan* etc.); die 2. 3. sg. ind., 2. sg. imp. heissen spätws. *seʒ(e)st*, *seʒ(e)ð*, *seʒe*. Das praet. auch *sæde*, *ʒesæd* nach § 42 a. 3. — Zu *hycʒ(e)an* lautet das praet. auch *hoʒode* und *hyʒ(e)de*; im spätws. ist das ganze verbum meist in die 2. schw. conj. übergetreten: *hoʒian* — *hoʒode*.

Anm. 2. Manche verba, die sonst ganz nach der 2. schw. conj. gehen, erinnern nur noch durch ihr praet., welches ohne *o* gebildet wird, an die zugehörigkeit zu dieser klasse. So z. b. *trúwian* trauen (ahd. *trûên*), *trúwode*; *plaʒian* spielen, *plæʒde* und *plaʒode*. Die verba *þréaʒ(e)an* (drohen), *sméaʒ(e)an* (denken), *fréoʒ(e)an* (befreien), *féoʒan* (hassen) gehen im ws. ganz wie *twéoʒan* § 103 a. 4.

Cap. IV. Unregelmässige verba.

1. Praeteritopraesentia.

§ 105. Die flexion des praesens dieser verba ist die der starken praeterita, doch sind als ältere formen dabei zu bemerken die 2. sg. auf *-t* und der *i*-umlaut im optativ (vgl. § 89 a). Das praet. hat die flexion der schwachen praeterita. — Wir führen die verba nach den ablautsreihen auf, denen sie angehören.

I. 1) Praes. 1. 3. sg. *wát* ich weiss, 2. sg. *wást*, pl. *witon* (alt *wiotun*, *wietun*), opt. *wite*, imp. *wite*; praet. *wiste*, *wiste*, inf. *witan* (alt *wiotan*, *wietan*), part. *witen*. — [alts. *wêt*, *wêst*, *witun*, *wissa*].

Anm. 1. Ebenso das compos. *ʒewitan*. Mit *ne* verschmilzt *wát* zu *nát*, pl. *nyton*, praet. *nysse*, *nyste*.

2) Praes. 1. 3. sg. *áʒ* (*áh*) ich habe, 2. sg. *áhst* (north. *áht*), pl. *áʒon*, opt. *áʒe*, imp. *áʒe*, praet. *áhte*, inf. *áʒan*, part. pt. *áʒen* und *áʒen* eigen; mit negation *náh*, *náhte* etc. — [alts. —, *êgun*, *êhta*].

II. 3) Praes. 3. sg. *déaᵹ* (*déah*) es taugt; pl. *duᵹon*, opt. alt. *dyᵹe*, gewöhnl. *duᵹe*, praet. *dohte*, inf. *duᵹan*. — [alts. *dóg*, *duᵹun*].

III. 4) Praes. 1. 3. sg. *an*(*n*), *ǫn*(*n*) ich gönne (dazu compos. *ᵹeann* und *ofann*), pl. *unnon*, opt. *unne*, imp. *unne*, praet. *úðe*, inf. *unnan*, part. pt. *ᵹeunnen*. — [alts. —, *onsta*].

5) Praes. 1. 3. sg. *can*(*n*), *cǫn*(*n*) ich weiss, kann (comp. *oncann* klage an), 2. sg. *canst*, pl. *cunnon*, opt. *cunne*, praet. *cúðe*, inf. *cunnan*, part. pt. *oncunnen*. — [alts. *can, canst, cunnun, consta*].

6) Praes. 1. 3. sg. *þearf* ich bedarf (comp. *beþearf*), 2. sg. *þearft*, pl. *þurfon*, opt. alt *þyrfe*, gewöhnl *þurfe*, praet. *þorfte*, inf. *þurfan*, dazu part. praes. *þearfende* adj. arm — [alts. *tharf, tharft, thurbun, thorfta*].

7) Praes. 1. 3. sg. *dear*(*r*) ich wage, 2. sg. *dearst*, pl. *durron*, opt. alt *dyrre*, gewöhnl. *durre*, praet. *dorste* — [alts. *gidar, -dorsta*].

IV. 8) Praes. 1. 3. sg. *sceal* ich soll (spät auch *sceall* und selten *scyl*), 2. sg. *scealt*, pl. *sculon, sceolon* (spät auch selten *scylon*), opt. *scyle, sciele, scile, scule, sceole*; praet. *sc(e)olde*, inf. *sculan, sceolan* — [alts. *scal, scalt, sculun, scolda*].

9) Praes. 1. 3. sg. *man, mǫn* ich gedenke (comp. *ᵹeman, onman*), 2. sg. *manst, mǫnst*, pl. *munon*, opt. alt *myne*, gewöhnl. *mune*, imp. *ᵹemun, onmun* und *ᵹemyne, ᵹemune*, praet. *munde*, inf. *munan*, part. pt. *ᵹemunen*. — [alts. *far-man, -manst, -munsta, monsta*].

Anm. 2.　Später finden sich neubildungen nach art des st. praes.: 1. sg. ind. praes. *ᵹemune*, 2. sg. *ᵹemunst*, 3. sg. *ᵹemanð*, pl. *ᵹemunað*.

V. 10) Praes. 1. 3. sg. *mæᵹ* ich kann, 2. sg. *meaht*, später *miht*, pl. *muᵹon*, opt. *mæᵹe* (spät *maᵹe* und ganz jung *muᵹe*), praet. *meahte*, später *mihte*. — [alts. *mag, maht, mugun, mahta, mohta*].

11) Praes. 3. sg. *be-, ᵹe-neah* es genügt, pl. *-nuᵹon*, opt. *-nuᵹe*, praet. *benohte*. — [alts. —].

VI. 12) Praes. 1. 3. sg. *mót* ich darf, 2. sg. *móst*, pl. *móton*, opt. *móte*, praet. *móste*. — [alts. *mót, móst, mótun, mósta*].

2. Reste der indogerm. verba auf -*mi*.

§ 106. Das verbum *sein*. Das verbum substantivum hat im ags. zwei verschiedene praesentia, das eine von der wurzel *es* bez. *er/or* mit praesentischer, das andere von der wurzel *bheu* mit futurischer bedeutung. Die bei stamm *es* etc. fehlenden formen werden durch das st. v. *wësan* (abl. V., s. § 94 a. 1) ergänzt, welches auch das ganze praet. stellt.

				alts.
Praes. Ind. Sg. 1.	eom	béo (béom)	bium, -n	
2.	eart	bis, bist	bist	
3.	is	bið	is, is	
Pl.	sind, -t; sindon (siondun, si[e]ndun)	béoð	sind; sindun	
Opt. Sg.	{sie (sio, séo) {si, siȝ, sý	béo	1. 3. si	
			2. sis	
Pl.	sien, sin, sýn	béon	sin	
Imp. Sg.	wës	béo	wis	
Pl.	wësað	béoð	wësad	
Inf.	wësan	béou	wësan	
Praet. Ind. Sg. 1. 3.	wæs	—	was	
2.	wǽre	—	wâri	
Pl.	wǽron	—	wârun	
Opt. Sg.	wǽre	—	1. 3. wâri 2. wâris	
Pl.	wǽren	—	wârin	

Anm. 1. Für den ind. praes. von *es* sind dialektische (angl.) nebenformen: sg. 1. *eam*, *am*, 2. *earð*, *arð*, pl. *earun*, *aron*. Auch in der poesie kommen *eam*, *earð* und *earun*, *-on* vor. — Zu *béon* wird neben *bist*, *bið* später auch *byst*, *byð* geschrieben, der pl. ind. ist north. *biuð* und *bidon* (*biodon*). — Für praet. sg. *wæs* enklitisch öfter *was*.

Anm. 2. Verschmelzung der negation *ne* mit stamm *es* und *wes*: *neam* (*nam*), *nis*, *nearun*; *næs* (*nas*), *nǽre*, *nǽron*.

§ 107. Das verbum *wollen* (nebst *nicht wollen*).

Praesens.

			alts.
Ind. Sg. 1.	wille	nel(l)e, ny(lle)	williu, welliu
2.	wilt	nelt, nylt	wili, wilis, wilt
3.	wile (wille),	nel(l)e, nyl)le	wili (wilit)
Pl.	willað	nellað, nyllað	welliad, williad
Opt. Sg.	wille (wile)	nelle, nyl(l)e	wellie, willie
Pl.	willen	nellen, nyllen	etc.
Imp. Pl.	—	nellað, nyllað	—
Inf.	willan	—	wellean, willian

Praeteritum.

Ind.	wolde(walde) etc.	nolde etc.	wëlda, wolda etc.

Anm. 1. Abweichende dialektische (north.) nebenformen: ind. 1. sg. *willo*, 3. sg. *wil*, pl. *wallas, -að*, opt. *wælle, welle*, praet. *walde*. — Ein part. *wellende* (alts. *wellcandi*) und imp. pl. des positiven verbums *wellað* nur dialektisch belegt.

§ 108. Das verbum *tun*.

Praesens.

			alts.
Indic. Sg. 1.	dó (dóm)		dôm, duom
2.	dést (dǽst)		dôs, duos
3.	déð (dǽð)		dô(i)d, duod
Pl.	dóð		dôd, duod, dnad
Opt. Sg.	dó		dua, due, dôe
Pl.	dón		duon, duan, dôen, duoian
Imp. Sg.	dó		dô, duo
Pl. 1.	dón		—
2.	dóð		dôd, duot, duat
Inf.	dón, *flect.* dónne		dôn, duon, duan, dôan
Part.	dónde		—

Praeteritum.

		alts.
Ind. Sg. 1. 3.	dyde	dĕda
2.	dydes(t)	dĕdos, dâdi
Pl.	dydon (dǽdon)	dŏdun, dâdun
Opt. Sg.	dyde (dǽde)	dĕdi, dâdi
etc.		*etc.*
Part. pt.	ȝedón (gedén, *alt* ȝedǽn)	gidôn, -dôen, -duan

Anm. 1. Die eingeklammerten formen im sg. ind. praes. und part. pt. sind dialektische (north. u. Psalmen). Im übrigen haben die nördlichen dialekte für das praesens zahlreiche nebenformen mit endungsvocalen der st. verba, z. b. pl. *dóað*, opt. sg. *dóe, dóa* etc.

Anm. 2. Die formen des praet. pl. u. opt. *dǽdon, dǽde*, sowie part. pt. *ȝedén (fordén)* kommen nur in den poet. denkmälern vor.

§ 109. Das verbum *ȝán* gehen (neben *ȝanȝan* § 98 a).

1) Praesens.

Indic. Sg. 1.	ȝá	2. ȝǽs(t)	3. ȝéð	Pl. ȝáð
Opt. Sg.	ȝá	Pl. ȝán		
Imp. Sg. 2.	ȝá	Pl. ȝáð		
Inf.	ȝán	Part. praes. ȝánde		

2) Part. praet. *ȝeȝán*.

3) Praeteritum. Ind. *éode*, opt. *éode* (schwach flectiert).

Anm. 1. Zu dem praet. north. *éade, éode* ist north. auch ein part. pt. *ȝeéad* gebildet. — Vgl. got. *iddja*.

Anm. 2. Im alts. ist das (ahd. reich entwickelte) verbum *gán* nur spärlich belegt (3. sg. *gêd*, inf. *gán*).